不懂说话
怎么做领导

写给管理者们的进阶之书

韩笑◎著

广东旅游出版社
GUANGDONG TRAVEL & TOURISM PRESS
悦读书·悦旅行·悦享人生
中国·广州

图书在版编目（CIP）数据

不懂说话怎么做领导 / 韩笑著 . — 广州：广东旅游出版社，
2019.10（2024.8重印）

ISBN 978-7-5570-1917-4

Ⅰ.①不… Ⅱ.①韩… Ⅲ.①领导人员－语言艺术 Ⅳ.① C933.2

中国版本图书馆 CIP 数据核字（2019）第 135387 号

不懂说话怎么做领导

BU DONG SHUO HUA ZEN ME ZUO LING DAO

出 版 人	刘志松
责任编辑	官 顺 何 方
责任技编	冼志良
责任校对	李瑞苑

广东旅游出版社出版发行

地　　址	广东省广州市荔湾区沙面北街71号首、二层
邮　　编	510130
电　　话	020-87347732（总编室）　020-87348887（销售热线）
投稿邮箱	2026542779@qq.com
印　　刷	三河市腾飞印务有限公司
	（地址：三河市黄土庄镇小石庄村）
开　　本	880毫米×1230毫米 1/32
印　　张	8
字　　数	163千
版　　次	2019年10月第1版
印　　次	2024年8月第2次印刷
定　　价	56.00元

本书若有倒装、缺页影响阅读，请与承印厂联系调换，联系电话 0316-3153358

序　言
PREFACE

在当今这个飞速发展的信息时代，随着传播手段的日益现代化，社会竞争的日趋激烈，以及人与人之间交往的密切，在社会生活的各个领域，说话越来越起着举足轻重的作用。一个人的说话能力，常常被当作考察这个人综合能力的重要指标；一个人的发展成功与否也通常由他的说话能力所决定。

会说话很重要，对于管理者来说更是如此。建立威信需要通过说话，获得尊重需要通过说话，了解情况需要通过说话，说服教育需要通过说话，建立感情需要通过说话……而说话的高明与否影响着管理者以及整个团队日后的工作状况。

其实，管理者如何讲话也是一门艺术。作为管理者，不仅要经常抛头露面，还是各个场合的活动焦点；人们大多会通过某位管理者的言谈举止来判断他的能力水平。从一定程度上来说，管理者的讲话会影响员工的自身管理。普通人说错话可能无伤大雅；但如果作为一位管理者，讲话艺术欠火候，言辞没水准，甚至说错话，轻则遭人质疑，如果因此产生严重影响，很可能失职失责失身份。单这一点来说，管理者们讲话时，更应该多加留心。所以，作为管理者提高自己的讲话水平就显得尤为重要。

本书将"管理学"和说话方式进行了完美的结合，针对管理者可能会在现实中遇到的各种问题，提出了一些有效而且实用的建议和方法。

目 录
CONTENTS

第十章　相互博弈——成功的谈判和辩论

第一章 点滴渗透——管理者要能说会道

在管理者的初期工作中，经常会面对意见分歧，经常会遇到与自己想法不同的人。怀有分歧、心存反对的人，无非就是在方向选择和对利益的认识上有所不同。尽管分歧乃至对立会使人们的关系变得紧张，但"黄金准则"在这时能帮上忙。那就是，你希望别人如何对待一个持不同意见的你，你就应该知道如何去对待那些持不同意见的人。

管理者的语言

同样是管理者，同样是讲话，有的人讲话的分量重，有的人讲话分量轻，这就是讲话方式所造成的差异。讲话的方式，对管理者而言，十分重要。

作为管理者，如果不是特殊需要，讲话时一定要言简意赅。会长话短说的管理者，很容易得到员工的认可和喜爱。就如同我们看各种文案和简介的时候，总是希望短小精悍，能浓缩成一句话更好。说话也同样如此，管理者给予员工实用性强、价值高的"干货"更重要。

舞台上最后出场的角儿，一般都是压轴的，肯定也是最重要、最顶尖的。其实说话也一样，愈将重点放在后面，愈能显出所说话的重要性。

当然，除了讲话方式，每个人讲话的特点也很重要。一般人都有自己的习惯用语，即口头禅。口头禅是人们常挂在嘴边的口头语，总是以这句话来介绍自己，来强调自己，使别人听来亲切自然，也能为自己树立一个独特的形象。另外幽默的话，不但易于记忆，而且能予人以深刻印象；既是自我标榜的商标，又让他人记住你，并使你的话产生更大的力量。

有些管理者说话不喜欢平铺直叙，一句话的含义过于复杂，让听者不能理解其意，交流就多了一层障碍。其实，最好一句话一个意义，听起来省力，吸引力也强。当然，要注意语言通俗易懂，而且要吐字清晰，语速适当。选择什么样的讲话内容，根据需要而定。

说话时语气要坚定，眼睛正视对方，端正姿态，给听者留下一个好印象。这样才能体现你的自信和能力。他人谈话时，如果身体稍往前倾，会让他人更容易接受你的意见。若讲话时眼睛不敢正视对方，握手软弱无力，会使对方觉得你意志薄弱，容易支配。

强调某事时可以运用手势，但不能指着别人的脸晃动手指。讲话慢而清晰，语言简短，等于告诉对方："我有能力控制一切。"还要注视对方的眼睛。研究显示，一个人如果紧张，目光会游离不定，且眨眼次数也会增加。注意对方的小动作，一个人能做到喜怒哀乐不形于色，但他的小动作会透露他的心情。例如你在谈话时发现对方的腿在轻轻晃动，这表示他对你的话不以为然。

知识面越广，所说话的含量也会越丰富，也越能让你在各种场合充满自信地和任何人交谈。

除此之外，管理者还要注意行动轻捷，笨手笨脚对管理者的形象损害最大。穿着上要整洁，避免刺眼的色彩和繁复的配饰。并要注意身姿，含胸显得畏缩，昂首挺胸能创造出你居于领导地位的形象。

怎么带好团队

　　作为管理者，就是要为集体设定方向、团结员工、密切合作、鼓舞士气。这也意味着最终要在员工的内心建立起对于组织的理想、远景及由此而来的目标、计划、规章制度的内在化服从。管理者将由此有一个自己组织的工作团队，管理方式也就将由注重权力干预转向注重开放沟通。要说服员工建立起奉献的工作态度，对于员工之间的冲突进行仲裁调解，以及培养员工对其他人的一种平等的合作伙伴的态度，纠正他们在人际交往上的行为技巧，这意味着一个持续不断的集体理念内化在管理的过程中，这也是一个说服的过程。

　　因此，说服就是管理者的一项工作任务，这种任务的提出及设计应注意：需要针对不同的人来明确任务，确定他们在近期内应实现何种转变，说服他们到底应该做什么及怎么做。如果管理者不为员工树立一个他们认为可以实现的目标，与员工就会谈不拢，充其量也只能使他们消极服从。同时还应认识到，任何具有持久效果的转变都是渐进的，想使你的说服工作一蹴而就，只会降低你的说服力；而"别人能，为什么你不能"的态度则会使管理者仅有的一点说服力荡然无存。因为，一个只会苛求于人而不理解人的管理者，员工不会认为他是一个好的管理者。

　　说服员工最终具有为集体奉献的精神是一项系统工程。向别人索要一种奉献精神，对管理者没有任何帮助。

　　另外，无论你承认不承认，除了管理者能影响员工外，员工们彼此也在相互影响。每一个人内在而隐秘的服从模式是复杂的，应认识到每一个人的背后都有更多的人；每一个人的头脑都与他接触到的不同的人享有某些共同观念。这种管理者可能根本无从知晓的交互影响局面，既可能强化管理者的说服力，也可能钝化、弱化管理者的说服力。要对有待说服的对象有更多的了解，要创造服从效应，必须要善于利用这种关联效应。

　　在以上原则的基础上，形成合理的说服计划，就有可能一步一步地实现说服的目的。循序渐进的说服工作意味着使说服贯穿于管理及交往过程之中，把握一切时机，去影响接受者的态度。

培养讲话风格

培养自己的讲话风格，使自己独树一帜，会让我们的讲话起到意想不到的效果。

一个人说话有自己的风格，才更容易吸引别人，并产生应有的魅力。同样，如果你想成为说话高手，那么，你的说话风格必须有某种独特的地方，以便引起他人的注意，或者使他人更容易记住你。你可以利用自己的长相，或身体某种特殊之处，来引起他人注意，但这只能暂时的，也是远远不够的，它只能帮助你引起他人的注意，而不能真正吸引他们。你必须培养自己说话的风格，这才是使你让别人信服和不忘的最好方法。

美国艾奥瓦州的一家旅馆，是方圆几十里的流动推销员最爱去的地方，无论远近他们都想到那里去投宿。为什么呢？因为那里的店老板，人称"快乐的韦勒"，是一位笑口常开的人。他对谁都能说上几句好听的话，自从人们认识他后，从来没有听到他对谁说过一句不顺耳的话。韦勒有他与众不同的地方，说话有他自己独特的风格。后来他成功了，成为了当地有名的富翁。

记住，你谈话的风格、你与别人交谈的方式，都能为你的名声和你的成功做出重大的贡献。如果你对员工讲话趾高气扬，甚至用鄙视的口吻，那员工就会怨恨你。如果你对管理者讲话过于谦恭，他们就可能认为你缺乏能力或者没有骨气，不敢委你以重任。你讲话的风格，不仅仅是你使用词汇的问题，也是你使用词汇的方式方法的问题，从中也能反映出你的态度和修养。

因此，要想树立自己的讲话风格，说话时就不能忽左忽右变化无常，更不要试图去模仿别人，表现出不属于自己风格或不适合自己风格的东西。虽然多向别人学习是件好事，但不要故意去模仿别人的风格或者说话的口吻。这种道理很简单，不用多解释谁都会明白，谁都不想遇到一个装腔作势的谈话者。学别人说话，就像那种喝了大量酒的人，他隐瞒不了自己喝了酒的事实，因为他人一闻就明白了："他把自己当成了别人"。

在谈话的时候，表现出自己自然的风格是上策，但要努力发展你自己的独特风格，而不是去发展别人的独特风格。有些人，当他们与别人谈话时，认为自己有必要装腔作势，或者戴上一副假面具；有些人试图表现得很友善，有的时候甚至对别人表现得很谄媚；而有些人急功近利，就像做电视商业广告一样。

这些人的失误就在于他们表现的都不是他们自己的本色，自然得不到别人的信服。说话要有自己的个性，你看到的对方是什么样，对方就是什么样，不管你喜欢不喜欢，但你总会相信同你谈话的那个人是真实的，不是假冒的。无论对也好，错也好，我们都要真诚地对待每一个人。因此，只要把握好说话的分寸、原则，总会受到别人的喜欢，因为你在用真诚的自我与别人交流，你在用自己的风格和别人说话。

说服的重要性

在初期的工作中，人们不可能具有同样的想法。在推广新战略，引入新方法、新技术的初期工作中，种种不一致演变为激烈的辩论或冲突是在所难免的。

就此而言，当你不同意他人的观点和看法时，或面对那些与你存在分歧甚至对立的人时，站起来与他们针锋相对地争论一番并非上策。在日常生活中，我们经常看到，即使是那些无关痛痒的事，如果较起真儿来，都会导致针锋相对的激烈场面。在争论中，每一方都试图压倒对方，但这并不能解决任何问题，相反却会伤了彼此的和气，严重的还会破坏彼此的关系。

当我们面对与自己意见相左的人时，一种自然的心理反应，就是试图通过争论赢得对方。之所以会有这种反应，是因为面对这种不同意见，自己感觉受到了一种威胁与伤害，自尊乃至尊严也被冒犯。我们会变得激动、声高、言辞偏激、好斗、尖刻。如果将这种情绪化的反应扔给对方且对方也"不吃素"，一报还一报，一场恶战就在所难免。如果你不愿看到这种火药味十足的激烈场面，那么还是不要挑起异常争论为好。

和自己意见不一致的人针锋相对地争论一番，使对方就范，接受自己的看法，这并非是一种明智的选择。美国纽约大学两位教授用了7年时间，亲自聆听了上千次的各色人物之间的实际争论，通过研究，他们得出了有趣的结论：那些职业政治家、联合国的代表很少能说服对方，他们取胜的机会远远没有商店店员、公司职员多。政治家们总是想不顾一切地击败对方，而职员及商店的店员则是力图说服对方转变自己的看法。这就是说，政治家们更多的是进行一场结局分明的争吵，而职员们通常是进行一种双赢的说服。

说服不同于争执、争论、争吵之处，在于说服不是斗争性、对抗性的。在试图说服那些与自己意见不一致的人时，我们不是把他们当作对手或敌人，而是当作平等的伙伴；不是为了让他们言听计从，而是为了让他们接受那些对他们有益却因为种种原因还没能被其理解的东西。说服是一种和平的事业，即使争吵，取胜的一方也要和"失败"的一方和平相处。一旦考虑到这种"和平共处"的价值，在语言上战胜对方就绝非上策了。

不考虑对方利益且又盲目地投入争论的人，会被一种焦躁的心理所控制，大有一种过了今天不管明天的偏激心态，但明天总会到来，那时又该如何呢？

美国科学家、政治家本杰明·富兰克林在他还是涉世不深的青年时，有个关心他的人对他说："本杰明，你真是无可救药。对意见与你相左的人，你总是粗鲁地加以侮辱，致使他们也不得不尽力反击。你的朋友认为，若是你不在他们身旁，他们会更快乐自在。你懂得太多，所以他们觉得自己没有什么话可以对你说。"

这一番话对富兰克林起了警醒的作用，他在自传中写道："从此之后，我立下规则，我不再直接反对并伤害别人，也不过于伸张自己的意见。假如有人提出某种主张，而我认为是错的，我不再粗鲁地与他们争辩。相反地，我先找出一些特定的事例，证明对方可能也是对的，只是在目前状况下，这些看法'似乎'有些不妥。"

　　结果，富兰克林发现情况有奇迹般的转变："经过这样的改变后，我发现受益颇多。和别人交谈，气氛显得愉快了，由于采取一种谦和的态度，别人在接受我的意见时也不会发生争论。如果我是错的，则不会有人攻击我而使我受辱；而在'我对，别人错'的状况下，则更容易说服对方转而同意我的看法。"

　　富兰克林由此走上了一条成功之路，并使他的智慧为越来越多的人所承认。他的思想也影响了他生前及逝世后的几代美国人，他也成为一代历史伟人。

　　我国古代的圣贤孔子就曾经说过："人不知而不愠，不亦君子乎？"我们也可以这样理解，当别人没有错时，你不需要生气；当别人有错时，你更没必要生气。

　　其实真正的说服力就是形成被说服者的内在服从效应。它与借助权力的威胁不同之处在于，说服者认为他与被说服者是平等的，被说服者有具有某种观点、看法、态度及采取某种行为方式的自由。在形成内在式服从的过程中，说服者也许根本就没有什么魅力或利益上的吸引力，被说服者之所以服从并不是因为说服者的缘故；说服者提供的信息才真正具有价值，起到修正或者改变被说服者的感知方式、理解及解释方式的作用，从而使内在化服从者最终对身边的事物采取了一种新的反应及行为方式。

提高交谈效率

如何成功地与人交谈，如何使交谈产生更高的效率，其中有许多值得我们学习的规则。

选择恰当的时间，保证充分的交谈时间，选择一个不受他人打扰的谈话地点，是交谈必备的两个首要条件。不同内容和性质的谈话应当选择不同的时间和场合，当你们闲谈时，应找一个轻松愉快的环境。

当你与他人进行商谈时，应找一个正式的场合。良好的交谈必须慢慢开始，不可操之过急。当你走进老板的办公室，想谈谈自己的某一要求时，却看见他满脸怒色，这种情况下，你最好不要再提什么个人要求。

当你发现某一员工工作心神不定时，切不可将一笔重大的生意委托于他。

明确自己交谈的目的。如果你对自己将要进行的谈话一无所知，就不大可能很好地参与交谈。你不仅要充分了解将要交谈的主题，而且应该了解交谈的性质，还有自己所期望达到的最终效果，即它是理论性的，还是实用性的，交谈的目的何在。

选择合适的人选。当你与他人交谈时，不要企图与任何人都能无所不谈。即使是最好的朋友，也不可能什么都能很好地交谈。有些谈话必须要求交谈者具有共同的兴趣、条件、性格，或者一定程度的友情。如果你明知某人对将要谈论的话题持反对意见，那最好别让他来参加。

明智地选择参与交谈的人员，对整个交谈的效果具有重要意义。

避免毫无意义的讨论。在我们的生活和工作中，并不是所有问题都值得去讨论，也不是任何话题都可以拿出来讨论。在有些情况下，因为个人的性格、兴趣和偏好不同，对问题的看法也不相同。这时如果去引发一场讨论，那一定没有任何结果，也毫无意义，这样做只能浪费时间。

给别人讲话的机会。在日常生活中，我们也许都碰到过这种情况：当甲在说话时，乙似乎全神贯注地听着，而事实上，他只是礼节性地等着甲讲完后将自己脑子里的东西倒出来。或许乙所讲的一切与甲所说的话题毫无相干。反过来，甲也会如此。这种情况下的交谈也是毫无意义的，它只是给各方提供了一个说话的对象和机会。在交谈中避免这种现象发生，除非是做演讲，否则，在交谈时就要给别人讲话的机会，然后认真听，互相之间有来有往，真正交流。

避免跑题。在交谈中，听到提问时，别急于回答。你首先要弄清问题，然后根据自己的理解尽力回答，有些人把别人的提问当成是让自己说话的一种信号。于是当他听到提问时，脑子里正想着什么便说些什么，也不管自己的回答与他人的问题有无联系。其实，当你听到提问时，并不需要马上做出回答，急速而离题的回答也是毫无意义的。应该首先弄清他人提问的内容和意图，然后再根据自己的知识和判断做出回答。

提问要清楚明白。面对不同的对象，你可能要采取不同的提问方式。当你向他人提问时，要尽可能将问题提得明确易懂，不要做一个懒惰的提问者，也不要以为自己对某一问题十分清楚，就设想自己以任何简单的方式提出来都会让他人明白。不要接二连三地提问，所提问题不能毫无联系，也不要提问后对他人的回答不加任何评论；否则，这种提问方式就不是交谈，而只是某种形式的需要，也许你并不期望他人做出任何实质性的答复。

不要打扰他人讲话。不要在他人话还没说完时，就将自己的话题接上去，然后使劲地将自己脑子里的东西全部倒出。如果你不尊重他人讲话，你也许会受到同等对待。因此，你要先让别人把话讲完，给别人说话的机会。

尊重交谈。当你听别人讲话时，不要无礼地与他人交头接耳。在与他人交谈的过程中，你说话的声调和方式都应该保持有礼有节。

同时不要过于拘谨，否则会影响你的表达。当然，所有的说话技巧都是变化的，要学会随机应变。假如你知道自己某些话非说不可，且说出后一定会冒犯他人，那应该注意一下方式，以避免伤害他人。如果你觉得某些话不得不说，而且必须此刻就说，那就大胆直言。

明确谈话目的

　　每一种谈话，无论怎样琐碎，总要保持中心点，这也是所谓谈话目的，其目的就是能够促进你和对方的关系。你必须使人觉察你是一个有思想的人，绝非个糊涂虫。简单无聊的空谈，绝不能使对方对你有一点良好印象，更不能显示你说话的水平。

　　当你们谈话时，你必须要不失为"虚心"者，不可自傲。

　　如果具有丰富的知识，你可以拿出来随时应付。人活在世上就需要社交。在生活当中，每天须与他人频繁发生接触，所以应当努力去获得各方面的知识。

　　怎样可以得到这些知识，以便在你谈话之时有所帮助呢？最好的办法就是多学习，看书、看报纸、听时政新闻。还有一个方法，是随时留意你周围所发生的事，虽然只是极琐碎的事也不要轻易放过它。另外便是时常和人谈话。我们经常说"听君一席话，胜读十年书"。有时候他人的看法和思考深度是我们看多少书都学不来的，和高人谈话不仅能学习到谈话技巧，还能给你打开思路；当你和别人聊天次数越多，学到的东西越多。这样不但能贮藏起许多知识，而且也能让你的谈话技术更加熟练起来。

　　世界著名的谈话艺术专家，曾经在教人谈话时要注意下列一些问题。他说道："你应该时常说话，但不必说得太长。少叙述故事，除了真正贴切而简短之外，总以绝对不讲为妙。

"和人谈话，同时也要注意到态度。切不要拉住别人的衣袖，手脚乱画地讲话，应当和顺一些；切忌妄自尊大，平常的话要避免争论。谈话最好要一般化，勿过分地作自我的宣传，把自己捧上天去。外表应该坦白而率直，内心应该谨慎而仔细。

"谈话的时候，姿态能表现你的诚意，所以要正面向着他人，不要随随便便，不要模仿他人。

"和他人开口赌咒，闭口发毒誓，是既坏又蠢而且粗鄙拙劣的事。高声地哄笑，是文化素养不高的表现；真实的机智和健全的理性，绝不会引人哄笑。此外，没有再比咬人耳朵，像蚊虫叫似的谈话态度，更叫人难受的了。"

这位谈话艺术专家以上列的各条警诫人的谈话艺术，除开"禁止大家哄笑"这一条外，大多都是被认同的。因为粗声喧闹固然有失常态，但是出自情感挑动的大笑，是不会妨碍到任何人的。

在任何谈话中，必须记住，切不能说到会触怒他人的话题上去。

第二章 指哪打哪——管理者要讲干货

作为管理者，在说话的时候，你的每一个句子都要浅显易懂，避免用艰涩词汇。也许有的人认为说话时用语艰深，更能显出自己有学问、有魄力，其实，这样说话不但会使人听不懂，而且容易弄巧成拙，还会引起别人怀疑，以为是在故弄玄虚。所以，成功的情景口才还需要掌握思维和语言的规律性，只有丰富的词汇、多变的句型，才能使讲话扣人心弦，让听众欲罢不能。

换位思考，产生共鸣

　　人们在日常生活中，都会遇到这样的情况，不管是听他人做讲座、领导做报告，还是和周围的人聊天，都会碰到言之无物、空洞乏味的时候。在一对多的讲话场景下要学会具体情况具体分析。例如，对于新老员工犯错误后的批评教育，就要区别对待；对新员工不能一味打击，对老员工也不能听之任之。考虑到员工的性格特点、自身素质、心理和士气等细节问题，这样，才能使员工对你的话心服口服。但在突出"领导霸气"的同时，也要表现出你对员工的关怀，并尽量使两者融会贯通。这也是管理者以语言驾驭全局的根本所在。

　　说任何话之前，我们都要在脑海中替别人想一想，这样说出的话才不会引起矛盾和误会。

　　其实，在生活中，我们很多时候犯的错误通常来自只从自己的角度思考问题。为了避免这样的错误，就要学会换位思考，并在此基础上调整行为方式。换位思考就是完全转换到对方的角度思考，从而更理解人、宽容人。这就要求我们在观察处理问题，做思想工作的过程中，把自己摆放在对方的角度，对事物进行再认识、再把握，以便得到更准确的判断，从而说出话也才能真正说到别人的心窝里。

　　从前有这样一个故事。一次，大家要砸死一个浪人。一位智者说："可以，但是你们每个人都要扪心自问，谁要从没有犯过错误，那他就可以动手。"在场的每个人都自觉问心有愧，最后谁也没有砸他。

为何所有人在智者的这个问题前变得不敢动手了呢？因为没有一个人有动手的资格——只要想到自己原来也有可能犯错，就都会同情这个浪人了。

即使是最没本事的人，在责备别人时通常也能够大发议论；即使是最聪明的人，在对待自己缺陷时也容易糊涂。我们只要经常用指责别人的态度来要求自己，用宽恕自己的心思去对待别人，怎么可能没有大进步呢？

儿时常做一种游戏：两腿叉开，头向下从两腿之间往后看过去。本来习以为常的乡间景色便有了新意，并且这种游戏让人百玩不厌，常玩常新。成年后，多了些社会生活经验，又读了些书，知道那种看似简单的游戏实际上蕴藏着并不简单的道理：换位思考。

仔细想来，生活中诸多不快、诸多矛盾的引发，未必都有多么复杂、多么严重的理由，如果能够互相了解、互相理解，或许就根本不会发生。而换位思考就是达到互相理解的一种有效途径。

言之有理，逻辑严密

言之有理是指说话要有条有理，不颠三倒四、不丢三落四，按照一定的逻辑顺序把事情、道理说清楚，体现说话人思路清晰。它还指说话者观点明确，前后一致，说理严密，合乎逻辑。这个逻辑就是说话人要共同遵守的说理规则，下面介绍两种说理的逻辑方法。

1. 类比法

这是一种根据两类或多类事物的某些属性相同或相似之处，推断出它们其他属性也可能相同或相似的逻辑方法。运用这种方法说理，有助于听话人触类旁通地明白事理。

老作家秦牧在他的书中有一段话："最后谈谈基本功的问题。基本功对于拿笔杆子的人很重要。不练是不行的。俗话说：'拳不离手，曲不离口。'绘画的人常画，唱歌的人常唱，而搞文字的人怎么可以几个月不写东西呢？"把写作和绘画、唱歌类比，它们都属于文艺创作的范围，具有相同的基本属性，且通俗易懂，有说服力。但是要注意不要机械类比，就是把事物间的偶然相同或相似作为论据，或者是把表面上有些相似，而实质上完全不同的事物进行类比，从而推出一个荒谬的或毫不相干的结论。

2. 反证法

中国的成语中有一个"自相矛盾"的故事，说有一个人同时贩卖矛与盾。他向买家吹嘘他的矛是"无坚不摧"的；盾呢，是刀枪不入的。于是，有人马上提议他"以子之矛，攻子之盾"来验证一下他的宣传是否可靠，这人当场哑口无言。这就是反证法的具体运用。有时对某个道理或问题，不容易从正面解释或反驳，不妨就换个说理方法，通过论证与此相反的论题的正确与否，来反面说明问题的是非曲直。

思路清晰，表达流畅

口语表达是思维的外在表现，可以说没有思维就没有语言。语言表达过程，实际上就是把思维的结果表述出来的过程，是内部言语向外部言语的转化。人要确定说什么是一种思维活动，在说什么与怎么说之间大脑又进行着快速转换：思想——句子类型——词汇——语言。这个过程是完整的，任何一个环节出了差错，都会影响表达的顺利进行。因此，从思维到语言的转化过程十分重要，进行这方面的基础训练有利于提高个人的表达水平。

1. 定向思维训练

定向思维是指按常规模式进行思考的思维。定向思维的训练能培养我们对问题深入思考的能力，有助于我们养成深入分析问题，透过现象看本质的良好思维习惯。

你可以拟订一些比较容易的叙述、说明、介绍方面的题目进行训练。为了使思维有条理，可在表达中插入一些常用的语句连接词。比如关联词"因为""所以""于是""之所以……是因为……""首先……其次……再次……"。还可以按时间的先后和位置的移动进行表达，采取先总后分、先分后总等方式进行练习。

2. 逆向思维训练

逆向思维即反向思维，变肯定为否定，或变否定为肯定；变正面为反面，或变反面为正面。例如，世人一般把"这山望着那山高"喻为"贪心不足"而赋予其贬义，如果你化贬为褒地想一下，将其用于对人类勇于向新的科学高峰攀登的赞颂，岂不是赋予其褒义了？用运动员一次次刷新纪录等事例说明我们就是要有"这山望着那山高"的进取精神，批评那种"无为而顺其自然"的"知足常乐"的消极态度。进行逆向思维训练能培养全面思考问题的能力和独立发表见解的能力。

3. 发散思维训练

发散思维是使信息向各种可能的方向扩散并引出更多的新的信息，从而达到创新的一种思维方式。发散思维是帮助我们通过讲话走向成功的最佳的思维方式。这里介绍三种训练方法。

（1）连接法

接上一位表达者的话题往下说的训练方法。戴尔·卡耐基在训练学员脱稿演讲时就常用此法。比如，卡耐基让一位学员用绝妙的词语开始叙说一个故事，这位学员说："前几天我正驾着直升飞机，突然注意到一大群飞碟正朝我靠近，于是我开始下降，可最靠近我的飞碟里却有个小人开始向我开火，我……"说到这里，卡耐基要求他停下，然后让另一位学员接着说。

（2）连点法

将头脑中闪现出的人、事、物等散点按照一定的顺序和结构连缀成篇。比如散点：花儿；气息；跑。它可以用下文的形式连缀起来。

"置身在各位青年朋友中，我似乎感觉到春天的气息扑面而来。大家都很年轻，都有花儿一样的青春、花儿一样的年龄、花儿一样的生活。愿大家做航船，乘风破浪，挺进大海；愿大家做骏马，飞奔未来，跑向光辉灿烂的明天！"

（3）联想法

联想法是由一种事物想到另一种事物的训练方法。其特点是闻一知十，触类旁通，让说出来的话具有流畅性与变通性。你可以运用如下题目进行训练。

　　A 出示一根玻璃棒，要求训练者通过联想，迅速说出它像什么。

　　B 出示一个红色的球，要求训练者通过联想，讲述我们的生活充满阳光。

注重积累，常学常用

只有在大脑中充分地积累了知识，你才可能张口即出，滔滔不绝。如果你大脑中空空如也，那么你再伶牙俐齿，也无济于事。

1. 掌握背诵的方法

每个人几乎都有过背诵文章的经历。背诵的目的因人而异，有的是因为老师要求必须背诵，而不得不背，以完成老师交给的学习任务；也有的是为了记住某个名诗、名句，以此来丰富自己的文学素养。而我们所说的背诵，主要的目的是在于训练当众讲话的能力。

达到这个目的，并不仅仅要求你把某篇演讲稿、散文背下来就算完成了任务，我们要求的背诵，一要"背"，二还要求"诵"。这种训练的意义有两个：一是培养记忆能力，二是增强口头的表达能力。记忆是优秀口才必不可少的一种素质。没有好的记忆力，要想培养出口才是不可能的。记忆与口才一样，它并不是一种天赋的才能，后天的锻炼对它同样起着至关重要的作用；背得越多，记忆力越强，"背"正是对这种能力的培养。

背诵法的着眼点在"准"上。也就是你背诵的演讲稿或文章一定要准确，不能有似是而非的地方，而且在吐字、发音上也一定要准确无误。

背诵的过程可分步进行。首先，进行"背"的训练。也就是先将文章背下来。在这个阶段不要求声情并茂，只要能达到熟练记忆就行。

并在背的过程中，自己进一步领会作品的格调、节奏，为准确把握作品打下更坚实的基础。第二，是在背熟文章的基础上进行大声朗诵。将你背熟的演讲稿、散文、诗歌等大声地背诵出来，并随时注意读音的正确与吐字的清晰，而且要带有一定的感情。第三，是这个训练的最后一步，是用饱满的情感、准确的语言、语调进行朗诵。

这里的要求是准确无误地记忆文章，准确地表达作品的思想感情。

2. 学会看图说话的方法

看图说话就是描述，只是我们要看的不仅仅是书本上的图，还有生活中的一些景、事、物、人，而且要求也比看图说话高一些。简单地说，描述法也就是把你看到的景、事、物、人用描述性的语言表达出来。

描述法没有现成的演讲稿、散文、诗歌等做你的练习材料，而是要求你在当场就要组织好语言，所以描述法训练的主要目的就在于训练语言组织能力和语言的条理性。

方法是以面前的场景或人物作为描述对象。

第一步，对要描述的对象进行观察。比如，我们所要描述的对象是"仲夏夜的海边"，那我们就必须观察一下周围有哪些事物，海边有山、有树、有沙滩、有游人，海上是否有波涛？有岛屿？星光映衬下的海又是什么样子？游人在海风习习，夜潮汹涌下，以何种心情游玩？

这一切都需要你用自己的眼睛去观察，用你的心去体会。只有有了这种观察，你的描述才有基础。

第二步，描述。描述时一定要抓住景物的特点，要有顺序地进行描述。

其要求是，抓住特点进行描述。语言要清楚、明白，还要具有一定的文采。描述时一定要用描述性的语言，尽量生动活泼。还要按顺序，可以由远及近、由表及里、由上到下，切不能东南西北不分地胡乱说上一通。描述出的东西，让人听了知道你描述的到底是个什么景物。描述的时候允许联想与想象。在描述的时候，把想象的一切都组织到语言中，递进展开，你的发言便条理清晰，内容充实了。

3. 掌握讲故事的方法

人们都听过故事，但并不一定都讲过故事。讲故事看起来很容易，要真讲起来就不那么容易了。常言说："看花容易，绣花难"就是这个道理。别人讲故事绘声绘色，很吸引人，甚至让你废寝忘食地去听，可是自己一讲起来，仿佛就不是那么回事了，干干巴巴，毫无吸引力。因此，讲故事也是一种能力，学习讲故事对练口才是一种好方法。

讲故事，对一个人能力的提升是多方面的。因为故事里面既有独白，又有人物对话，还有描述性的语言、叙述性的语言，所以讲故事能提高一个人的语言表达能力。

方法是分析故事中人物的性格。故事的情节是通过各种性格的人物的言语、行动表现出来的，所以我们在讲故事之前要先研究人物的性格特征，以及人物之间的关系，把握故事语言的个性化。故事的语言不同于其他文学形式的语言，其最大的特点是口语性强、个性化强。所以当我们拿到一个材料时，不要马上就开始练习怎么去讲，而要先把材料改造一下，改成适合我们讲的故事。

重复讲述。对材料做了以上的分析、加工以后，我们就可以开始练习表达。通过反复练习达到对内容的熟悉，并使自己的感情与故事中人物的感情相融合，做到惟妙惟肖地表达故事情节和人物性格。

4. 利用好复述的方法

复述法就是利用重复叙述别人讲话技巧的方法，提高个人的敏捷思维、短期记忆力和口头表达能力。

先选一段长短合适、有一定情节的文章。最好是小说或演讲词中叙述性强的一段，然后请朗诵较好的人进行朗读，并把它录下来，然后听一遍复述一遍，反复多次地进行，直到我们能完全把这个作品复述出来。

复述的时候，可以把第一次复述的内容录下来，然后对比原文，看自己能复述多少，重复进行时，直到把全部的内容复述下来。这种练习绝不单单在于背诵，而在于锻炼语言的连贯性。如果能面对众人复述就更好了，不但能锻炼你的胆量，还能提高你的表达能力。

这要求我们在开始复述时，只要能把基本情节复述出来就可以。在记住原话的时候，可以用自己的话把意思复述出来。第二次复述时就要求不仅仅是复述情节，而且要求能复述一定的人物语言或描写语言；第三次复述时，就要能基本准确地复述出人物的语言和基本的描写语言，并逐次提高要求。在进行这种练习之前，最好能根据自己的实际情况和所选文章的情况，制订一个具体的要求。

这种练习一定要持之以恒。有的人一开始就选用那些长句子、情节少的文章作为训练材料，结果常常是欲速则不达。这就像我们学走路一样，没学会走，就要学跑是一定要摔跤的。这个训练枯燥乏味，没有耐心与毅力，很难达到练习目的。

风格迥异，各有千秋

我们在语言逻辑训练中，要懂得察其言，观其色，知其人。言就是指说话。语言风格在说话中，能够充分展示说话者的内心世界、性格、修养、文化、经验、经历，甚至是人品。"三句不离老本行"，这不仅仅是说"职业病"，从某种意义上也与说话的风格有关。语言风格，是个人风格的一面无形的旗帜，也是个人风格的一面镜子。

我们了解一个人，往往是通过他的言行举止，而言排在首位。那么，想要培养自己卓越的口才，首先就从培养语言风格入手。语言风格形成时，一个人的风格也就确立了。语言风格大致有以下几方面内容：

1. 幽默

幽默的语言风格，实属说话的最高层次。它是说话者睿智的表现，是每个人都追求的一种"时尚流行"的语言风格。

幽默是一种和谐、轻松、愉悦的语言风格。它会让听话者舒心愉悦，在彼此的微笑间领会、感悟，以至接受对方的思想。它用词轻松活泼，节奏明快流畅，句式灵活乖巧，犹如飞入云端的小燕子。它富含深刻的哲理和深邃的思想内涵，多用和善用多种风格，使语言听起来舒心，说起来悦心，有时也故意地"颠三倒四"，混乱逻辑，但实际是为了达到增添情趣的目的。在谈笑之间，就完成了语言的交际任务。纵然是沉重抑郁的话题，也会变得轻松自然，使人愿意听，也乐意接受。

幽默的语言不仅仅是说话，它更是一场智慧和学识的同台演出。没有这两者，是不会产生幽默的。

不会幽默，就不要刻意追求这种语言风格。它是一种"自然天成"的东西，是需要知识、学识等达到一定累积量才开始形成的。

90多岁高龄的民俗学家钟敬文，在赴朋友宴席时，当佳肴摆满桌后，牙齿几乎掉光的钟先生对大家说："你们吃吧，我是个无耻之徒，对付不了这些东西。"钟老先生说完以后，笑声四起，避免了冷场的尴尬。不久，特别为钟先生做的汤面摆上来了，他又说："我是欺软怕硬，你们千万别学我啊！"

如果没有丰富的学识，钟老先生能说出这种幽默的话吗？

由此可见，善谈者必幽默，幽默者必健谈。在交际中，也要适当地抓住机会，从而恰如其分地幽默！

2. 含蓄

含蓄也是一种相当风趣的语言风格。它是一种"曲径通幽"的说话方式。含蓄又称委婉，通过辞格修饰，再加之相应的处理，不直说甲，但听话者心知肚明是在表达甲的意思，乙只是载体。

用委婉曲折的方式表达一种意思，而不直接说出来，在交际中会形成另外一种微妙的效果。

含蓄的语言风格，会让说话和听话者适时避开尴尬和伤害。它能辅以相应的神态和动作等，达到让人"意会"的目的。

但含蓄不是万能的说话技巧和策略，它必须注意时间、地点、人物。否则会让听话者误解或不能真正理解。

用含蓄的方式说话，可以避开易于激化的矛盾，也不会伤害或损坏对方和自己形象。其作用是既维护对方尊严，又树立自我形象。

含蓄在特殊的场合表达特殊的含义，这一点我们要重视。

3. 华丽

说话要讲究用词用语，但切忌单纯追求语言的华丽、华美。如果那样，就会让听话者有一种误解，认为你是在做文字游戏，是在卖弄。华而不实的语言，就如同穿着华美外衣却又不学无术的人一般。

华丽的语言风格，最常见的是出现在散文里。但这是一种书面表达，落实到语言表达上，在一定程度上能使语言变得生动而有文采，体现了说话者具备了丰富的词汇和深厚的文化底蕴，同时也表明了说话者的特殊身份。因为绝大多数人在生活中，并不会太多地运用华丽的辞藻去交谈。

华丽的风格不适合一般性的交谈，而多用于书面表达和正式的演讲、演说。其中可以适当地追求辞藻的华丽，但也不能过，"过之"比"不及"更差。而且这种风格一般仅限于年轻人，人到中年，然后再逐渐地走向老年，谈话风格自然而然就会趋于平淡和朴实。这也是说话艺术的发展规律所决定的。

4. 庄重

庄重的语言风格体现在比较庄重的场合。它是管理者在报告、讲谈技巧、外交辞令、祝酒词、欢迎词、祝寿、婚丧嫁娶、服务性行业的用语等的常有风格。庄重会让听话者有一种庄严神圣的感觉。

比如两个初次见面的朋友，打招呼就应该庄重，千万不能像老朋友那么随意随便，说话嘻嘻哈哈。再比如外交辞令，如果不庄严，那么就会让国家形象大打折扣。

庄重的语言风格，还表现在手势、体态、表情上。因为它们也属于一种特殊的语言。

庄重是指端正、郑重、不轻浮、稳重、持重、文雅、雅致。在用语时是相当考究的，有时会达到字斟句酌的地步。它避开方言、俚语。

如果要用，也要考究，三思而后用，慎而又慎。不用不规范字、不规范词，尽量不用口语。句式严整结构紧凑，用词准确，不乱用滥用形容词。句子严格按照语法规则，句子间有着严密的逻辑关系，尽可能避开那些有着贬义的词语；句子能准确地表达说话者的思想；不求辞藻的华丽，只求幽默、含蓄；较多地运用那种仅加强语势和凝聚语义类的辞格，不用增加文章情趣的修辞；力求语言的精准、简单、明了。

这种语言风格，既能充分展示个人的高雅严谨、庄严自尊、不卑不亢的性格魅力，又能给他人留下深刻的持久印象。

5. 平实

庄重的语言风格不适合于一般的谈话，否则就有一种凝重而不和谐的感觉。平时的说话要有平实的风格，它是占主导地位的，是基本的格调。平实的语言风格，会创造一种相当平和愉快的说话氛围，给人一种和谐亲切的感受。

尤其是身份、地位比听话者高的说话者，一定要平实，即平易近人、谦虚、朴实。这样，谈话才会在和谐的气氛中进行下去。

平实的语言，也称之为天然语言，它是不加雕琢、不刻意修饰的。没有太多的定语修饰成分，没有太多的修辞加以描绘，如同绘画中的素描、速写。简明扼要的三言两语，就能把自己的意思表达清楚。

平实的话语往往能表达出很深刻的思想，它如同明快的河流，没有矫揉造作之嫌，也没有故弄玄虚、装腔作势之疑。

平实的语言最重要的是要言之有物，简单明了，朴素明快。莎士比亚说："简洁是智慧的灵魂，冗长是肤浅的装饰。"真正达到平实，也不是一件容易的事，不仅要不间断地提炼语言，而且要不断地说下去。因为，平实的语言永远是语言风格的主调。

言语平实，通俗易懂

一个经过语言训练的人懂得如何说话。在古今中外的语言实践中，语言技巧可谓是英华璀璨，博大精深。在此例举一些当众发言的技巧。

1. 训练自己说话通俗的方法

说话的通俗性，是指说出的话不但要生动、巧妙，而且还要让他人明白、易懂，并乐于接受。语言表达要大众化，包括两方面的意义：一是用语通俗，一听就懂；二是意义通俗，深入浅出。违背这两点，不仅会让听话者不知所云，甚至还会造成各种误解。

多使用群众口头中常用的大众化语言，既能使表述更为通俗易懂，也能增加语言的特殊表现力。大众语言来自于人民大众，是人民群众发明创造的。它包括俗语、谚语、歇后语等。在说话中，如果能巧妙地运用这些大众化语言，能增强我们说话的感染力。

俗语是通俗而广泛流行的定型语句，简练形象。恰当地引用俗语，能增强谈话或演讲中的幽默感和说服力。

谚语是劳动人民在长期的生产和生活实践中总结出来的语言，经历了千百年的千锤百炼，凝结着劳动人民丰富的思想感情和智慧。谚语具有寓意深长、语言精炼、朗朗上口、便于记忆的特点。谚语和俗语一样，也能为语言增色。

歇后语也是广大人民群众所喜闻乐见的语言，在群众中广为流传。歇后语一般由前后两截组成，前半截是形象的比喻，像谜面；后半截解说，像谜底。在谈话中恰当运用歇后语，能增强谈话的趣味性，增加语言的表现力。

2. 训练自己说话简洁的方法

要做到简洁明快，首先要做到长话短说。

所谓长话短说，即是以简驭繁。老舍说："简练就是话说得少，而意思包含得多。"话少而意思也少，就算不得简洁。

发言简洁还必须做到中肯实在。当众讲话不在乎长短，关键要中肯实在，字字珠玑，说到听者的心坎里去。群众最喜欢的是有啥说啥，直来直去。对于那些空话套话，他们不但不愿听，甚至觉得是一种精神上的折磨，是浪费时间。

讲话精简是一种水平，是一种能力，也是一种技巧，比讲长话要难，更需要在实践中不断锻炼和提高。

动态语言，生动有趣

在动态语境中，因受外界信息的激励，人的思维活动将获得更广阔的空间。思维状态亦呈现出跳跃性、灵活性和机变性的特点；思路更新颖、更出奇，更具创造性；甚至人们会突发奇想，闪现出许多在静思状态下不可能出现的思想火花和语言风采。因此，在动态思维支配下的语言表达会更精彩、生动，富有感染力。

1. 通过交谈锻炼思维和口才

交谈是人们交流思想感情的过程。动态思维通常存在于交际的过程中，在与交际对象进行语言交流或交锋时显得最为活跃。其中，以信息交流为宗旨的交谈，是一种简便有效且随时可用的训练思维、训练口才的方法，值得重视。

在这个过程中，我们的思维处于全面运作状态。在思维的引导、支配下，双方不断发出信息，又不断接受来自对方的信息，实现信息交流和沟通。特别是在富有成果的交谈中，人们必然精神振奋，心理活动频繁，想象丰富，思维的各种功能都将得到更出色的发挥；甚至在对方提供的新信息刺激下，沉睡在自己记忆角落中的材料也被激活、被唤醒、被调动起来，从而使思路拓展开来，呈现出前所未有的创造性。所以，在动态的口语承接、应对过程中，既能使我们的思想得到磨砺，思维能力得到发展，也能使我们的口才得到磨炼。

2. 在对话中，得到提升

对话是一种双向的语言交流，需要彼此积极而及时地反馈，这对于答问方的锻炼、提高是不言而喻的。特别是观点不一致的对话，自己要以最快的速度捕捉对方话意的内核，甚至听到对方的上半句话就能猜出他的下半句，为自己的思索、应对争取到几秒钟的时间。利用这个时间差，要进行快速的思索和构思，在几秒钟内构思出一段应对的话。

在实践中，如果能够长期坚持这么做，对于训练自己整理零散信息的思维和临场发挥口才大有裨益。

3. 善用角色扮演

角色一词，在表演时是指演员扮演的戏剧或电影中的人物，我们这里的角色，与戏剧、电影中讲的角色，有着类似的含义。角色扮演法，是指管理者在语言上扮演不同的人物。其方法是：选一篇有情节、有人物的小说或戏剧为材料。对选定的材料进行分析，特别要分析人物的语言特点。根据作品中人物的多少，找人分别扮演不同的人物角色。也可一个人扮演多种角色，以此培养自己的语言适应力。这种训练的目的，在于培养个人的语言适应性、个性，以及适当的表情、动作。

这种方法不同于朗诵仅注重"诵"，还要去"演"。它不仅要求语言准确清晰，充满感情，停顿得当，还要求能绘声绘色、惟妙惟肖地把人物的性格表现出来，而且要配有一定的动作和表情。从这个角度看，这个训练是有一定难度的，但它能锻炼我们的肢体语言，对提高自身的谈话技巧大有裨益。

第三章　毫无章法——管理者的"绊脚石"

在工作和事业中，会说话的管理者，就是善于说话的好管理者。这样的管理者在说话时能够准确自如又恰到好处地表达出自己的思想、感情和意图，能充分利用自己的语言交际能力来说服他人，让工作顺利进行，并左右逢源。

好为人师是弊病

　　有的管理者容易因为自己地位比别人高，年龄比别人大，潜意识里就有一种优越感，觉得自己比别人有经验，比别人懂得多，因此很容易在谈话时带有说教的腔调。

　　当然，不能完全把说教否定，有时说教也带有正确的忠告，但这些忠告经常因带有说教腔引起谈话对象的逆反情绪，而不被接受。既然是要说服教育别人，那么就该注意如何让别人接受你的意见，所以要力避高高在上、目空一切，而是要拿出鲜明、生动、形象的事例让别人心悦诚服地接受。

　　我们见到的说教者经常如此说："你必须知道我这并不是在干涉你的行为。""现在我不喜欢讲这一类事情，但是既然今天……""我觉得有许多话不得不跟你说。""我也许不应该讲这些话，可是我想你会明白这些话的好处的。"其实，说教者说的这些话，应该是在别人接受观点时，自然而然地从心里产生的想法。而由说教者嘴里说出，说得再多也只是空洞的说教，收不到任何效果，反倒让他人产生抵触情绪。因此，身为管理者一定要注意自己的言行举止，避免对员工空泛地说教。

喋喋不休

爱喋喋不休的人给人的第一印象是：像沿街乞讨的乞丐。他们与他人见面，张口就说"我的命运太差"，闭口就说"我的工作让我很烦"，将他们日常生活中的无数小事与无尽烦恼向别人倾诉的同时，还哀叹不已。

其实每个人的生活都有烦恼，而别人有什么义务浪费时间听你那容易破坏心情的过分唠叨与抱怨呢？这些负能量满满的发泄只能引起别人的厌烦而不是同情。

张先生是一家外资企业的中层管理人员，收入在工薪阶层中已算是颇为丰厚的了。下班后张先生与别人谈话时，总让人感到他有满腹牢骚："我每天生活得真没劲，实在不愿意给外国人做事。我现在只有钱，没有别的，为挣这点钱，一点自由都没有，干不了自己感兴趣的工作，真是没意思透了……"只要这样的话一出口，他就会滔滔不绝，一个小时都停不下来。如果你满心同情，真心诚意地鼓动他去从事他真正感兴趣的工作，去发挥他自己更大的才能，他是绝不会去干的；而且他又会滔滔不绝地给你列出其他工作是如何的有不尽如人意之处，自己有一万个理由不能换工作等。

抓住要点，长话短说，是赢得听众喜欢的一件法宝，也是一种说话的谋略。德国著名诗人和戏剧家贝托尔特·布莱希特讨厌那些冗长单调而又没有多大效果的会议。

一次，有人请他参加一个作家的聚会，并让他致开幕词。布莱希特公务缠身，不想参加，便委婉地拒绝了。哪知，举办方并不罢休，他们想尽一切办法，直至布莱希特无可奈何地答应为止。

开会那天，布莱希特准时到会，并悄悄地坐在最后一排。主办方看到后，把他请到了主席台就座。

一开始，主办方讲了一通很长却没有什么实际内容的贺词，向到会者表示欢迎，然后，高声而又激动地宣布："现在，有请布莱希特先生为我们这次大会致开幕词！"布莱希特闻声站了起来，快步走到演讲的桌子前。到会的记者们赶 紧掏出笔和小本子，照相机也"咔嚓咔嚓"响个不停。

不过，布莱希特却让某些人失望了，他只讲了一句话："我宣布，会议现在开始。"

从上面这个故事中，可以看出长话短说，最重要的就是说出你要谈论的主题，其余的客套话尽量少说或不说，这样，听众才不会感到心烦意乱。俗话说得好，浓缩的都是精华！

当然，长话短说必须针对特定的对象。假如对方跟你并不是很熟悉，而你一上来就直奔主题，势必让人感觉唐突，其效果可想而知。

一般说来，如果能够做到抓住要点，一针见血，就会能很快地吸引听众，使他们迅速地进入主题；而一味地长篇大论，则会始终不得要领。

优柔寡断失先机

　　如果将管理者对整个组织进行管理的整个过程比作下棋，那么各人有各人的下法。但最令人讨厌的就是"悔棋"，走棋之前不仔细想一想，出问题了，方知走错了一步。

　　朝令夕改、优柔寡断，用悔棋来比喻是再恰当不过了。朝令夕改其实是管理者优柔寡断的表现，不但削弱了命令的力量，而且会逐渐削弱发号施令者的权威：总是"悔棋"也就没人跟你下了。

　　同样，号令改多了，管理者的威信就没有了。没有谁愿意服从这种处世轻率，决策不顾后果的管理者。这样的管理者以后再发号施令或做工作将会越来越难，因为他们已经使得自己的部属无所适从，疲于奔命了。

　　所以，作为一名管理者，一定要在平时就注意培养自己言与行的慎重，即所谓三思而后行。在日常的工作中，一旦决定了的就不要轻易地改变，即使这种决定有点小毛病，只要不会对全局造成严重的影响，也可"将错就错"。当然这样说并非是让管理者"执迷不悟，一意孤行"。每个人都有犯错误的时候，如果管理者犯了弥天大错，却要执行到底，那么，这个组织就危险了。

一知半解

如果凡事都一无所知，心里便容易产生唯恐落于人后的压迫感，这也是人们常见的心态。在绝不服输或"输人不输阵"的好胜心的作祟下，一些一知半解的管理者就会处处装腔作势，不懂装懂，以此来保全自己的面子。

这样的管理者并非是直率，就连单纯的事情他们都要咬文嚼字地卖弄一番，看起来好像是很精于大道理，一副什么都懂的样子，说穿了只是由于强烈的自我表现欲所产生的虚荣心在作祟。

但在生活中，有些人乍看之下很平凡且没有可贵之处。而和他们认真交谈后，就能够很直接地被其内心的思想所感染，这种人待人通常坦诚直率，所使用的词汇也简单明了。管理者与周围的人要靠互相感动、吸引，而不是硬性地逼迫对方接受自己的意见。如果强行地让对方接受自己的意见，卖弄一些偏僻冷门的词汇，来表现自己的水平高人一等，这在对方看来，不但和你格格不入而且无法接受你。

不难看出，愈是爱表现的人，愈是无法精通每件事。管理者与员工要互相取长补短，别人比自己专精的地方就要不耻下问，即使是自己很专精的事，也要以很谦虚的态度来展现实力，这样才能说服他人。

现代社会是一个高度复杂的信息时代，每个人所掌握的知识都不可能包含万事万物。若没有虚心的态度与他人交往，如何能够受到大家的欢迎，凡事都自以为是的人，必然得不到大家的尊敬。

因为不论是一知半解或是真的无知，都同样有损交际范围的扩展。

在一个杂志社有位社长 N 先生，不管是什么场合他总喜欢装腔作势，故意地降低自己的声调来表现庄重的样子。不但如此，他还总是一副无所不知的样子，这种姿态让人觉得他好像在做自我宣传。

然而不论他再怎么装腔作势，言语中夹着再多的暗示性话语或英语，还是得不到他人的认同。而这位仁兄所出版的杂志，也永远上不了台面。

他所出版的刊物，总是被人批评为现学现卖，肤浅的杂学之流，这是因为他对任何事都喜欢去评判一番。他每次开口说话，旁边的人就说："天啊！又要开始了。"然后便咬着牙，万分痛苦地忍着。这和说大话、吹牛并无不同。自己本来没有高人一等的智慧，却装出一副什么都懂的样子，会让人看作是虚张声势的伪君子。

在社交关系中，最令人敬而远之的就是这种一知半解还爱显摆的人。

承认自己也有不懂的事并不丢人。为了要自抬身价而不懂装懂，一旦被对方看穿，反而会令对方产生不信任感而不愿与你交往。

"闻道有先后，术业有专攻"，每个人都有自己的专长，不可能每件事都很精通。所以，在人际交往中，一定要保持一个良好的心态，切忌不懂装懂。

许诺容易，兑现难

　　在一些人眼里，管理者是什么都能做到的人，他们能上天揽月，下海捉鳖。既然没有什么不能做的，那就更没有什么不能说的了。小则向员工许诺："好好干，年底保你奖金过万"；会在员工大会上拍胸脯："今年一定实现销售额增长翻番"；大则在管理者面前或者媒体上豪情壮志冲云霄，当年销售额还没上千万就敢夸下海口："再过半年超过 IBM。"反正承诺不上税，说起来如囊中取物，易如反掌。

　　就在管理者们动不动说大话、拍胸脯时，他们承诺的兑现就显得合不上拍了。真正到了日子，一看兑现不了，就避重就轻，能躲就躲了。

　　"重承诺轻兑现"是造成企业社会形象不佳、信用下降、企业内部矛盾及员工抱怨甚至流失的罪魁祸首。承诺是一把"双刃剑"，它既能激励员工的信心，鼓起员工的勇气，也能打击员工的决心与勇气。因此把握好承诺与兑现的尺度，是每个管理者的必修课。

　　管理者轻易许诺，这是因为他们认为许诺是最容易的事，而且也是最快的激励员工努力工作的手段。不费吹灰之力，脱口而出，而且想说什么说什么，想说多少说多少，不仅听者群情激奋，管理者自己也深受感染，好像那让人兴奋的成果就在眼前，大家唾手可得。

　　但是与许诺的轻而易举相比，兑现就不是那么轻松与容易了。许多人甚至用毕生的努力也没能实现自己最不起眼的承诺，这就是现实。管理者也概莫能外。

　　许诺越高，兑现越难；一旦兑现不成，失望也越大。而当失望超过一定的限度，就是绝望。与当时脱口而出相比，实现自己的诺言实非易事。管理者们到这时，都会后悔当时夸下的海口，结果自己难为自己。许诺不能兑现，最容易使人走向反面。很多时候员工原本的期望值并不高，但经管理者轻易许诺一刺激，期望值顿升，虽然心里也知道有些不切实际，但人就是这样，"上去容易下来难"。到了兑现时，他们只与自己的期望值对比，只要不能满足，那么就会失望，就会失去信心，下一次你再说什么他们可能都再也不信了。如果这种失望过大，到了绝望的程度，除了走人，恐怕不会有其他的可能性了。

　　因为管理者的信用下降及对员工的不公正，会影响到企业的所有员工，兔死狐悲，他的今天就是我的明日，那么其他员工就会对企业、对管理者毫无信心。如果是在这家企业干，那一定是出于无奈，否则一有机会肯定会拔腿就走的。这种有意的不兑现，给企业带来的危害是灾难的，是用多少心血、多少钱都无法挽救的。

　　因此，作为管理者不要信口开河，有一分说半分，给自己与别人都留点余地。切莫说过了嘴瘾，伤了信用，否则得不偿失，遗恨终生。

不拘小节

在日常交谈中，许多管理者都认为"成大事者不拘小节"，所以不重视生活中的小节；而就是因为这些不起眼的小节，在时刻影响着他们的形象，降低对方与他们交谈的兴趣，甚至引起他人的反感。所以作为管理者是要注意不起眼的小节。

1. 咬字不清

有的人在谈话中，常常会有些字句含含糊糊，让人听不清楚或者误解了他的意思。所以不说则已，只要开口，就最好把一个字当作一个字，清楚准确地说出来。

2. 话有杂音

在说话的时候，加上许多没有意义的杂音，这比喜欢用多余的字句更令人不舒服。例如有人一面说着话，鼻子一面"哼哼"地响着，或是每说一句话之前，必先清清自己的喉咙；还有人一句话里加上几个"呃"字……这些杂音会使人产生一种生理上的不快，也就是让精彩的语言，蒙上一层灰尘。

3. 用字笼统

有许多人喜欢用一个字去代替许多字。比如，他在所有满意的场合，都用一个"好"字来代替。他说："这歌唱得真好，这是一篇好文章，这山好，水也好。这房子很好，这个人很好。"其实，别人很想知道一切究竟是怎样的好法。这房子是宽敞，还是设计得很别致呢？

是材料很结实吗？这人是很老实，还是很慷慨、很喜欢别人呢？单是一个"好"字，就让人有点摸不着头脑。

还有这样的人，用"那个"这两个字代替几乎所有的形容词。例如："这部影片的确是很那个的，这件事未免太那个了，这封信叫人看了很那个。"这一类问题，主要是由于偷懒，不肯多费一点精力去寻找一个恰如其分的字眼。如果放任这种习惯，所说的话就容易让人觉得笼统空洞，没有内容，因而也就得不到别人的重视了。

4. 过于夸张

有人喜欢用夸张的语言去强调一件事物的特性，以引起别人的注意。但也有人无论在什么场合都采用这种说法。例如："这个意见非常重要，这本书写得非常精彩，这是一部非常伟大的戏剧，这种做法是极端危险的，这个女人简直是无法形容的美丽。"如此这般，讲得多了，别人也就自然而然地把你所夸大的字眼都大打折扣，这就使你语言的威信降低了。

5. 逻辑零乱

在叙述事理的时候，最重要的是层次清晰，条理分明。所以，在交谈以前，必先在脑子里将所要讲的事物整理一下，分成几个清楚的段落，摒除许多不大重要的细节。否则，说起话来就会拖拖拉拉，夹杂不清了。特别是当一个人讲述自己亲身经历的时候，更容易因为感情丰富讲得特别起劲，巴不得把所见所闻全盘托出，结果却让人听起来非常吃力。

6. 矫揉造作

矫揉造作有多种形式的表现，有的人喜欢在交谈中，加进几句英文或法文；有的人喜欢在谈话中，加进几个学术性的名词；有的人喜欢把一些流行的字眼挂在口头；有的人喜欢引用几句名言，放在并不适当的地方。这会让人觉得你在卖弄学识，故作高深；而自然、平实的言语更容易让人接受。

7. 只顾自说

作为管理者，你的语言要表达出一个清晰的目标。即使有时候需要你的表达方式要含蓄一些，但一定要给员工一个清楚的目标。管理者讲话不能含糊不清，指令不明，这样会令员工难以判断，无法很好地完成任务。

一位世界著名记者说："不肯留神去听别人说话，是不受人欢迎的第一表现。"

交谈是两个人的事，要形成一种交流。可是自说自话者常常只说自己那方面的事，不管别人接受不接受，或对别人的话置若罔闻。

社交中的谈话，彼此是站在对等的地位。如果在这种谈话中，你一个人一直滔滔不绝如高山瀑布，永不停止地倾泻着，那对方就没有说话的机会。这样，你肯定不会受人欢迎，甚至会被别人耻笑。

每一个人都有着他自己的讲话欲，如几个人聚在一起讲述故事，甲一个劲地说着，乙和丙也想表达自己的想法。可是，甲只管滔滔不绝，使乙和丙想说而没有机会说。我们试想一下，乙和丙的心里一定不好受。因为他们自己没有说话的机会，专门听某甲的讲话，自然会没有精神听下去，只好不欢而散了。

美国钢铁大王说："倾听是我们对任何人的一种至高的恭维。"心理学家也说："很少的人能拒绝接受专心注意的倾听所包含的赞美。"所以说，注意倾听别人的讲话，"倾听"本身就是一种"无言的赞美和恭维"。

你如果能够给别人说话的机会，你也就给他们留下了一个好印象。在接下来的交谈中，你就更容易乘风远扬，顺利抵达自己说话的目的地。

8. 板着面孔说话

在人际交往中，与别人谈话，无论双方意见或说法是否一致，都不能板着面孔。首先这是对双方交谈的一种不尊重，其次也会招致对方的反感，最后此次谈话也只能是不欢而散。

与我们交往、谈话的无非是两种人：一种是早已熟悉的人，如亲人、朋友和同事；一种是陌生人。和熟悉的人谈话板着面孔，或许还可以得到理解和谅解。和陌生人谈话，第一印象是非常重要的，它的好坏直接关系到谈话的结果，只有给他们一个好印象，才能顺利交谈，获得交际的成功。

俗话说："人都是有感情的动物"，你尊重别人，热情待人，谁会驳你的面子呢？

我们在与他人交谈时，要开朗、热情、生动，因为任何人不是受到什么强迫才接近谁、喜欢谁；也不是由于什么人出类拔萃、有成就、有名气，才去接近、喜欢这个人。而亲切的话语、温暖的微笑，能很快拉近人与人的心理距离。即使大人物，只要他善于交往，也必然如此。相反，冷冰冰、整天板着个面孔，无论对谁都是无益的。

9. 无聊的争论

有的人为了一个字的对错争论，有的人为了一件事的虚实争论，有的人为了一个观点争论……生活中这样无谓的争论处处可见，可谓"波澜壮阔，层出不穷"。有时，你不想与别人争论，别人还会想着法与你争论。争论好像一下成了"人之常情"，但这并不奇怪，如果细究起来，实在是人的本性使然。因此，我们必须把在社交中如何避免与人争论当成人际交往的第一要务，加以防范和杜绝。在与他人交往中始终保持一颗澄静的平常心，从而正确认识争论，把握争论，运用争论。

基于上述理由，当一场唇枪舌剑的争辩到来之前，我们必须首先冷静地考虑一番，弄清楚以下几个事项：

不要为不相干的小事情争论。

不要因为虚荣心或表现欲争论下去。

自己在这次争论当中究竟能得到什么？究竟又能证明自己的什么？

一位心理学家曾经说过："人们只在不关痛痒的旧事情上才'无伤大雅'地认错。"这句话虽然不胜幽默，但却是事实。由此也可以证明：愿意承认错误的人是很少的——这就是人的本性。

如果认为争论是一次积极的争论，是值得我们去争论的，那么在这过程中，我们仍需时时把握住自己。因为在争论中最容易犯的错误，就是常常自己认为自己的观点才是世界上最正确的，只顾阐述自己的观点，而忽略了要耐心虔诚地去听取别人的意见。这就会使善意的争论变成有针对性的争论。需要强调一下，这种现象是很危险的，也很常见。因为即使最善意的争论，也是由于双方的观点有分歧引起的，所以，在一开始，双方就是站在对立面的，对于对方的论点，根本就不加以分析，而一味地表述自己的看法。

如此一来，争论过程中就难免情绪激动、面红耳赤，甚至去翻对方的陈年老底。所以，当双方都各执己见、观点无法统一的时候，我们要控制情绪，把握自己，停止坚持不同的看法，等到双方较冷静时再辨明真伪。也许，等到你们平静的时候，说不定会相顾大笑双方各自的失态呢。

而在你胜利的时候，你也应该表现出自己的大将风度，不要再计较刚才对方对你的态度。争辩是一回事，而交情又是一回事，切不可混为一谈。当对方向你认错的时候，不要再逼下去，以免对方恼羞成怒。

争辩结束后，你也要顾及对方的面子，可以递给对方一支烟或是一杯茶，或者要求他帮一点小忙，这样能令他们恢复愉快的心理。

10. 哪壶不开提哪壶

管理者在与员工交谈的过程中，有的时候为了让员工产生亲切感，难免说一些随意的话题，但是即使关系再好，身为员工也有一些忌讳的话题，下面笔者来一一进行介绍。

（1）员工的隐私

隐私是员工所拥有的一些不愿公开的秘密。除非是员工主动告诉管理者关于他的隐私，否则不要随意去打探员工的隐私。尊重员工的隐私，是尊重员工人格的表现。如果管理者不顾员工保留隐私的心理需要，盲目懵懂地去询问员工的隐私，就会影响两个人的谈话效果，还会让员工对管理者产生不良的印象，进而损害管理者和员工的关系。

即使是员工主动将自己的隐私告诉管理者，以此来征求管理者的意见和看法，管理者也应该注意回答的内容，不要得意忘形，像一个专家一样出谋划策、说三道四。如果员工非要管理者提一些建设性的建议，作为管理者不妨给员工讲一个故事，说他有个朋友曾经也遇到这样的事情，结果是怎么样解决的，仅供他参考。这样，即使建议没有任何效果，甚至起到相反的结果，管理者也没有必要自责什么，员工也不会将过错归结到管理者身上。

（2）员工的伤心事

员工的伤心事不能当作谈话内容，一是因为员工的伤心事并不想被很多人知道，除非这个员工心理上有某种急于倾诉的需要；二是员工如果沉湎于伤心事中，就很难和管理者交谈下去，因此管理者要极力回避员工的伤心事。虽然同情别人能赢得别人的好感，但是提及别人伤心事的办法终究不是高明的谈话方法。

（3）员工的尴尬事

当得知员工有些尴尬的话题时，管理者一定要回避。因为尴尬的话题一说出来会使员工觉得特别别扭。尴尬的话题是他人的禁忌话题，管理者在会见员工之前，一定要弄清楚员工对哪些话题十分尴尬。

管理者的讲话技巧

讲话技巧需要一定的技能去表现，也是一种艺术。作为一名想要成功的管理者必须认识和掌握这种技能，然后才能获得想要拥有的成就。可以说，会说话的管理者，必定拥有良好的人际关系，也能为他们的事业成功打下基础。为此，我们不妨从以下几点测试一下自己：

1. 会不会听话

一位管理者要想会说话，首先得会听话。在说话的时候要认清对方，考虑对方的反应，坦白直率；说话的时候不可唯我独尊，把别人排除在外面，因为说话的目的是说明一些事情，使他人发生兴趣。所以，说话要清晰、明白、坦率、易懂，而且要给足对方说话的时间。

2. 有没有伤害到别人

在日常交往中，管理者不要轻易揭露员工的隐私，更不要去"打击"员工，这是管理者与员工谈话的最基本准则。

管理者在谈话时要设身处地为别人着想，首先要尊重对方，其次要诚恳。也就是谈话时要掌握分寸，避免任何可能伤害别人的语言。即使对方确实有缺点也不可抓住不放，喋喋不休。礼貌的做法是委婉批评，适可而止。总之，不论谈话内容如何，只要你对别人尊敬，就能得到相应的回报。

3. 有没有"我"字满天飞

谈话如同驾驶汽车，应该随时注意交通标志，就是说，要随时注意听者的态度与反应，总以自我为中心，必然招致别人反感。有人说："无聊的人是把拳头往自己嘴里塞的人，也是'我'字的专卖者。"的确，很多管理者们在说话中总是"我"字挂帅。比如，在一个鸡尾酒会上，主人10分钟内用了几十个"我"字：我的车子、我的别墅、我的花园、我的小狗，我想……令听众十分反感。

如果我们在说话时，不顾忌听众的情绪或反应如何，只是一个劲地提到我如何如何，那么必然会引起对方的反感。

4. 有没有用情

可以毫无疑问地说，真实、真情和真诚的态度是成功的说话者的法宝。美国著名政治家林肯在一次竞选辩论中说："你能在所有的时候欺瞒某些人，也能在某些时候欺瞒所有的人，但不能在所有的时候欺瞒所有的人。"这句著名的政治格言成了林肯的座右铭。

唐代诗人白居易说："感人心者莫先乎情。"一个说话者如果感情不真切，逃不过成百上千听众的眼睛，也不能打动听众的心。

用真实的情感、真诚的态度让听众闻其言，知其意，见其心，以达到情感上的共鸣，就会令语言如春风化雨，在润物无声中，发生磁铁般的影响，唤起听众的热情，这样就能以震撼人心的巨大力量，发生"共振效应"。

第二次世界大战期间，年近70岁的英国首相丘吉尔在对秘书口授反击法西斯战争动员的讲稿时，激动得像小孩一样，哭得涕泗横流。他的这一次演讲，动人心魄，极大地鼓舞了英国人民的反法西斯斗志。

作为管理者，如果语言缺乏真挚而热烈的情感，华而不实，也许能欺骗听众的耳朵，却永远得不到听众的心。所以，管理者只有讲、谈时说理虔诚、语调亲切、激情迸发、内容充实，才会达到字字吐深情，句句动心魄的效果。

5. 有没有冷落他人

曾经有人说过："谈话时排除他人，就如同宴会时赶走客人一样荒唐和不可思议。不要冷落任何人，即使他们的言行举止是多么令人生厌。"要想使别人觉得你的谈话洋溢着饱满的热情，并对你有好感，就不要让他们"冷"在那里。

因此千万记住，作为一名优秀的管理者，在谈话的时候不要遗漏任何人，用你的双眼环视着周围每一个人，留心他们的面部表情和对你谈话的反应。在众多人的聚会中，常有少数人被无情地冷落，假如被你冷落的恰巧是将来对你的事业前途至关重要的人物，那将是怎样的后果呢？

6. 有没有打断别人

别人在说话时，有打岔习惯的人最容易惹人厌烦，这是缺乏礼貌的表现。特别是作为一名管理者，轻易打断别人说话不仅仅会显得缺乏修养，而且还会给别人造成一定的压力，让别人感觉和你谈话很不舒服。比如在别人讲话时，不要用他人的话来打岔，也不要提出不相干的意见，更不要用鸡毛蒜皮的小事来打岔。

总而言之，尽量不要打断别人讲话。除非他们的讲话成了"懒婆娘的裹脚布又臭又长"，把时间拖得太久，或受到众人起哄，或者说话的人口出狂言而旁若无人时，打岔才会显得必要。同时，还要能够从与他人的交谈之中，测定他们说话的意图，增加自己对他们的了解，跟他们建立良好、和谐的友情。善于说话的人，一定也要敢于说话，并有巧妙的言辞和精彩的语句。如果不敢于向他人表述，不敢直言，便很难得到别人的认可。

一般高水平的口语交际都具有表述语体规范、吐字清晰、思考周密、详略得当、表意准确、反应敏捷等优点。而在一般的交际口语表述中，通常会出现有语病的现象，不仅增加了他人理解的困难，影响语言交际的效果，严重的还会出现其他问题。因此，语病现象是高水平的口语交际和一般的口语交际中，要尽量避免或消除的现象。

我们平时说话中的常见语病有以下几种：

（1）表述简略

表现为其本人自认为表述完毕，而听者却还不知所云。在叙事、状物、抒情时，虽然对于话题的认识有一定的深度，但同样找不到话说，不得不三言两语结束。

（2）口齿不清

这里指表达功能正常而"口齿不清"者，这种现象是与过去的缺乏训练有关。在口语表述时心里一紧张，加之原本不习惯朗声说话，结果难免使人感到口齿不清了。要纠正这种情况不太困难，只要有意识地加强朗声阅读和当众表述的训练即可。

（3）重语现象

这种现象的突出表现是在表达中，经常下意识地重复已经说过的话，给人一种啰嗦好笑的感觉。这种现象不只出现在缺乏语言训练者身上，多年从事口语训练的人有时也有这种缺点。所以，对初学者而言，务必从训练初就严格禁止，一旦形成习惯，改正就困难了。

（4）表述散漫

其特点是在表述时把握不住中心，东拉西扯，而且越说越远，甚至到后来连自己都不知道最初的话题是什么了。这种现象产生的根源在于思维机制的主控功能不强，表述中思维运动的主方向不能紧扣话题向前延伸，在交际中很容易被非主题因素所左右和干扰。如不注意改正，就很难成为口语交际的高手。

（5）语不连贯

即同一话题有时可看做几个子话题和分话题，话题的完整表述要由各个分话题的完整表述综合而成。而"不连贯"性则表现为多个分话题表述的不完整。

通俗地说，就是一件事（或一个方面）没说完就扯到另一件事（或另一个方面）上去了；而第二件事（或方面）也不等说完，就又扯到第三件事（或方面）上去了。这其实是心理和思维运动在紧张状态下的无序运动所致。

（6）赘语过多

由于赘语词占据了表述时间，结果干扰了信息交流。语言交际主要依靠表述内容，赘语与表述内容之间没有必然的联系，是交际时从语言表述的"外部"强加上去的。它对于信息交流，反而具有某种阻隔作用，直接影响交际效果。

（7）节奏过慢

即通常所谓的"拉长腔"。还有则是语句之间停顿时间过长，即所谓"半天说一句"的情况。有人觉得语言表述时间长、速度慢，显得庄重稳健，能增加语言分量。其实，这也是一种错觉。

（8）节奏过快

这种现象给人的感觉像是"开机关枪"，以致对方在理解表述意图时会感到吃力。而在与他人对话时，则表现为"抢话"，即不等别人把话说完，就把话题揽过来自己说，或者自己另起一个话题打断了别人的话题，这种现象往往出现在一些有一定交际能力的人身上。

综上所述，语言交际中的各种语病主要有：表述时思维机制的主控功能不强，思维运动与发声运动表现为一种"不同步性"；表述时发声器官运动乏力，且思维速度偏慢；表述中因紧张而导致的心理障碍等。

纠正语病的办法，主要是接受系统的口语交际训练，多做朗声表述训练。在训练初期，则可多做有文字底稿依托的朗声表述，这样有助于养成"先想好了再说"的习惯，有助于强化表述时思维机制的主控功能和实现思维运动与发声运动的同步性。同时，也有助于克服因紧张而导致的表述心理障碍等不良现象。

第四章 学会赞美——管理者赞扬员工的说话技巧

管理者的赞美就是对员工的肯定，你的赞美已经证明你能原谅他的缺点，他为了达到你激励他的样子，肯定会改正缺点。因为管理者就是权威，管理者的赞美意味着自己是出色的，有升职、加薪的可能性。管理者一直在注视着自己，自己的一举一动必须符合标准，才能在别人心中树立起自己良好的形象。

赞美是"金口玉言"

有人曾说过："给他人一个超乎事实的美名，就像灰姑娘故事里的仙棒，点在他人身上，会使他人从头至尾焕然一新。"

假如一个好员工由于某种原因变成一个破罐破摔的家伙，你解雇他是完全没有用的；你责骂他也只会遭受他的怨恨。这时你不妨赞美一下他，而管理者金口玉言式的赞美，最容易让员工更好地干好本职工作。

亨利是一家汽车经销商服务部的经理，他的公司有一个工人，工作每况愈下。但亨利没有对他吼叫或者解雇他，而是把他叫到办公室面对面地和他谈话。

他说："比尔，你是一个很棒的技工，你在这条线上也工作了好几年了，你修的车子顾客很满意，其实有很多人赞美你的技术高。可是最近，你完成一件工作的时间加长了，而且质量也比不上你以前的水准。你以前真是个杰出的技工，可是我想你一定知道，我对你现在的情况不太满意，也许我们可以一起来改正这个问题。"

比尔回答说他并不知道他没有尽好职责，并且向亨利保证，他所接的工作并未超出他的专长之外，他一定去改进它。

比尔肯定会改正的，因为假如你尊重一个人，一般是容易诱导他的，特别是当你是因为他具有某种才干而尊重他、赞美他的时候。

管理者的赞美的确比别人更加有效，假如你是一位想在困难的领导方法上超越自我的管理者，想改变其他人的态度和举止，那么给一点你的"金口玉言"，用你的赞美之词，让他们去奋斗，或者保持他们的优秀。

以实夸实，措辞适当

随便说几句人云亦云的话，赞美一个人或者一个集体，并不难，也不可贵。

吹捧与谄媚都是涂了糖衣的毒品。这种赞美的话言不由衷，盲目夸大，吹得天花乱坠，到了令人难以置信的地步。或无中生有，张冠李戴，夸张对方并不具有的优点、长处。上述种种"赞美"都不是正常的社交手段，而是勾心斗角的伎俩，而至爱至友的赞美则是出于善意的鼓励。

管理者赞美员工当然也应当注意这方面的问题，否则就会让员工感到与管理者之间的距离，从而形成不信任感。

赞美员工时，语言当然不可温吞，要具备应有的热度。如果管理者任意贬低员工的优点或成就，那么就会打消他们的积极性，影响他们今后工作中的态度。但是不适当地拔高员工的成就，人为地加上成就本身不具有的价值、意义，甚至流于俗气地夸捧，那么也会产生不良影响。会使受到赞美的人产生盲目自大的心理，误以为自己确有那样的成就，从而坠入"只见树木，不见森林"的迷雾之中，泯灭了发愤图强、努力开拓的意识，会造成其他员工的心理失衡。

人们崇拜的是真正的榜样，而不是人为塑造的"泥像"。对于名不副实的"典型"，人们会由不服气到猜疑，甚至讨厌，怀疑他是否跟管理者有裙带关系。这样不但起不到应有的示范作用，反而会离散员工之间的凝聚力，甚至还会给管理者增添许多不必要的烦恼。

当然，如果管理者对员工的赞美恰到好处，那么益处就不胜枚举了。

一家档次较高的印刷厂，对印刷成品的质量要求非常精细，但印刷员是位新手，由于不能适应他的工作，他的监督人很不高兴，想解雇他。当厂长罗伯先生了解到这个情形以后，亲自去跟这位年轻人谈了一谈。他告诉印刷员，对于一个刚来的新手，能做出如此精美的印刷成品是很难得的，他还指出了好在哪里，以及这位年轻人对公司的重要性，最后说出了应该改进的细枝末节。

一段时间后，他就成为一位非常优秀的工人了。而罗伯先生一句措辞适当的赞美是每位管理者都应效仿的。

要知道，任何一个人都有长处和短处，所以肯定和赞美的内容绝不可采取孤立截取的方式。管理者如果是在常人不曾看到之处，独具慧眼地发现员工的短中之长，那么管理者的威信和可信度就提高了。

管理者要善于通过对员工的肯定和赞美，帮助员工在"成功容易却艰难"的喟叹之中，深入地考查，找到成功的内外因，并发现不足，引发遗憾，下一步的目标与任务也就明显地表露出来，即鼓励他们继续做好下一步。

赞美员工的语言就像给员工的永久礼物，但决不能只是几句空泛的大话。比如，当一位员工在困难的条件下攻关了某个重要的项目后，管理者如果这样表扬："世上无难事，只怕有心人。海阔凭鱼跃，天高任鸟飞，某某同志的行动充分体现了新时期青年的拼搏意识和英雄主义！"这样的赞美之辞似乎要追求那种宏阔气派的效果，但却适得其反，还不如称赞一下这项技术的用途、影响等，让人感到恰当。

　　只有以实夸实，措辞适当，才能使管理者与员工之间形成某种心灵上的契合，产生的心灵回应才能体现在下一步的工作中，这是管理者应该高度注意的问题。

放下架子，真诚恳切

赞美要真诚，是发自你心中的肺腑之言，真诚的赞美才能被接受、被理解。如果你总是摆出管理者的架子，生硬古板、飞扬跋扈，对员工取得的成就侧目而视，就会失去他们对你的信任，对你产生厌恶感，不服从你的管理，甚至会跳槽。如果管理者放下架子，真诚恳切，那么你的感情投资就一定会得到回报。

一天，一位原来在公司担任部门领导职务的有才干的年轻人，忽然辞职走了。李总经理得知他是应聘到一家酒店做经理，于是李总经理亲自找到了那家酒店。原先的老板主动来喝酒，这使那位刚辞职的年轻人深感意外。但他想躲开已经来不及了，只好笑脸相迎，李总喝酒，他在一旁陪着。

两人细饮慢说，李总笑容可掬，情绪不错。他与这位过去的员工拉扯起一些一起创业中过关斩将的往事。随后，才谈到员工的近况，他兴致勃勃地问："很好吧？是不是干得很顺手？"年轻人当然要把现状好好描绘一番："很受老板的赏识，当上经理以后，手下的员工协作也不错，初步估算，在年内可以盈利50万元左右。"听了他的话，李总淡然一笑，说："四五十万吗？我认为太少了。""就这么个小小的酒店，一年赚这么多已经很不错了……"年轻人小声地辩解道。

李总一本正经地说："照我看，你的才能一年应该赚几百万，你太不自信了，在这个小地方藏不下你这条蛟龙，所以我看你在这儿是大材小用啊！还是回去跟我干，怎么样？"

年轻人感到非常意外："李总，您不是开玩笑吧？我刚出来，您还要我回去……"李总慢悠悠地说："我想问题和做事情向来都是认真的。"小伙为难地苦笑："我连公司的房子都退了，回去还有位置吗？"

李总道："你错了，我们公司的一贯做法是人走了房子还留给他，你在小酒店里太屈才，你愿不愿来，我都等着你。"

年轻人果然返回公司，一年后，为公司获利几百万。

我们都渴望被赏识和赞美，而且会不顾一切地去得到它，但是没有人会理会阿谀奉承这种不诚恳的东西，也没有人稀罕那些居高临下的美言。管理者自然不会对员工阿谀，但是居高临下的美言却时常会显现出来。

要成为有效的管理者，告诉你一个原则：赞美最细小的进步，而且是赞扬每一次的进步，要诚恳地认同和慷慨地赞美。

唯有放下架子，真诚恳切，才能做到这些。诚意就是万灵丹，一位心理学家告诉我们："若与我们的潜能相比，我们只处于半醒状态。我们只利用了我们肉体和心智能源的很少一部分，往大处讲，每个人离他的极限还远得很，他们拥有各种能力，但往往习惯性地未能运用它。"

管理者的重要任务之一就是发掘这些潜能。记住，前提是忘记你是管理者，即便是在上任之初急需树立威信，但也必须放下架子，真诚恳切地去赞美员工的每一个长处。

高级的赞美方式

管理者与员工之间是一种权利等级有差别的关系。一谈到权利，有人对它求之若渴，有人对他深恶痛绝，也许这是世人对"权利"的一种误解。因为社会之所以井井有条地运行着，就是因为许多像权利一样的理念，在心中约束着我们的行动，让它们遵守社会准则。

权利的存在是非常合理的现象。对于管理者与员工来说，这也是一个敏感的问题。权利就意味着权威，管理者必须有这种权威，员工也得在这个权威笼罩下的空间中，尽量自由地支配自己的各项活动。

很多时候，管理者应该放一点权利给员工。当一个母亲放手让孩子跑步的时候，她确信孩子已经能跑了；当孩子在懵懂中，被母亲放手后知道母亲放手的原因——他已经得到了信任。

一个集团的老总，在管理中施行的"压力原则"就是一个典型的例子。集团在全国各地的分公司的经理都不任用饲料行业的人士担当，而是用一些外行人士。这不符合一般的用人准则。但是集团的成功大家是有目共睹的。据管理层解释说，只要充分对外行人士信任，他们就马上会变成内行人士，而且会融入新的管理模式，取得比饲料行业行内人士更大的成就。

原因何在？就是权利。我信任你了，给你权利，你必须得去巩固它，发展它，那么你就得赶快变得内行起来，越快越好。

这与赞美有关吗？当然，而且非常密切。首先权利是一切的基础，在此基础上产生信任然后释放权利。"信任"是一个很简单的词，却是一个包含深妙玄机的概念，信任产生的心态就是认可，管理者只有认可员工，员工才能信任他。从这个角度上来说，信任就是最好的赞美，而最具有智慧光芒的赞美，就是相互信任的彼此心照不宣，共同等待成功的到来。

有才能的员工在得到权利的光顾之前，一般都会有怀才不遇的感伤，但得到权利以后，他们刹那间爆发出来的能量会让信任他们的人感到有点意外，但是这是非常正常的。有位爵士说："获得引导的人，可以放心大胆地冒险前行。"一位管理学家说过："我相信员工具备必需的技能和设备，能推动我授权执行的任务，于是我得以专心思考策略问题。"信任是哲理意义上的赞美，在它的脚下，一点权利的施予，不但是管理者的自我松绑，而且更是一种本质的需要。

据说松下幸之助在带领客人参观自己的工厂时，总会随便指着一位员工说："这是我最好的部门经理，这是最厉害的车间负责人……"这样无数细微的赞赏加在一起，最后就形成了松下公司在世界上的地位。给他们一点权利、一个头衔，他们就会努力地去适应它们，这就是松下幸之助高明的赞美理念。

适当的一点权利加在适当的人头上，就是世界上最精确的赞美，从而产生最快的运作效率。如果管理者吝惜这点微不足道的权利而放弃信任、冒险精神和最精确的赞美，那么，没有人能预料你的下场会是多么糟糕。

唐纳·卢斯说："我把找出员工的积极行为和赞美他们当作首要任务，并热切注意员工做对的事而赞美人心。"金无足赤，人无完人，管理者的过人之处应该体现在有一双明亮的眼睛去看清楚一切，然后用得体的语言去褒奖员工的好处和利用褒奖的力量使员工认识和改正自己的不足。

北魏时太武帝拓跋焘很赏识汉人崔浩，并委以重任，鼓励他集思广益，敢于进谏。太武帝还命令手下的歌舞乐工，创作歌舞歌颂有功之臣，说："智如崔浩，廉如道生。"在一次数百人参加的酒宴上，太武帝指着崔浩，发自内心地褒扬他道："你们看这个纤瘦柔弱，手不能弯弓持矛的人，他胸中所怀谋略却远远超过披坚执锐的士兵。朕开始之时有征讨之意，但犹豫不能决断，前后连年克敌获胜，都是这个人在左右引导我的缘故。"

太武帝全面地了解崔浩，巧妙地用他的身材弱纤与他胸藏百万师之才相比较，这样既没有给人不真的感觉，又能扬长避短，使崔浩的生理缺陷在他的雄才大略面前显得微不足道。同时巧妙地避过当时朝中大臣对汉臣得势的不满。如果太武帝一味地夸崔浩的优点，那么胡人也许就会端出骑射之术来贬低崔浩，从而使太武帝难堪。

所以，赞美一个人必须达到"一言两称心"。这需要赞美的话随不同环境下的主客观因素而变化，从全局的眼光看待各个环节，不能有疏漏。下面我们再看一个关于赞美的典范。

汤姆是一家公司的业务员，他对公司新的系列产品感到非常兴奋，但不幸的是，一家大市场取消了陈列他们公司新产品的机会，这令汤姆很不高兴。他想了一整天，决定第二天再去试试。

他对大市场的负责人说："杰克，我今天早上走时，还没能让你真正了解我们的最新系列产品，假如你能给我一些时间，我很乐意为你介绍我疏漏了的几点。我非常敬重你听人谈话的雅量，当事实需要你改变时你会改变你已做出的决定。"

杰克能拒绝再听他说话吗？在这个必须维持的美誉下，他是无法那样做的，结果汤姆所在公司的产品不到几个月就在全州名声大振。汤姆的赞美欲扬先抑，巧妙地把自己的意思融入赞美的言辞中。

我们再回到管理者对员工的赞美上，前面的例子无非是想让管理者知道，你在赞美你的员工时，要掌握技巧，把优点突出，而缺点又明显地藏在其中，那么赞美的力量就会所向披靡，无坚不摧。

在柯立芝总统执政期间，他曾经这样赞美过他的一位年轻女秘书。一天早上女秘书刚来上班，总统就对她说："你今天早上穿得很迷人，年轻的小姐，看，你的衣服多漂亮！"

这可能是一向沉默寡言的柯立芝总统一生当中，对秘书的最佳赞美了。这来得太不寻常、太出乎意料了，因此那位女孩子满脸通红，不知所措。接着，总统又说："现在不用太高兴了，小姐，我那样说是为了让你舒服一些而已，从现在起，我希望你能对标点符号注意一下。"

柯立芝总统的赞美之术真可谓诡秘怪诞。现在要指出的一点是，柯立芝用高扬的语调赞美，用平缓和稍加限制的词语指出错误之处，让秘书在高兴之后，欣然改正。因为这是总统对秘书的最高赞美。

现在我们应该明明白白地去开始赞美员工了，只要我们平时注意观察员工的言行，对他们的特点略知一二，当然了如指掌最好；那么接下来就是在必要的时候，通过你的赞美之词，用最好的方式将它们表达出来，让他们听后心悦诚服，对于自己的缺点"无则自我加勉，有则暗暗改之"。这样若干次以后，你就会成为一个会用赞美与员工很和谐默契相处的管理者了。

真诚的原则

年轻的员工由于刚刚涉足社会，因此很想在身边营造一种善意和谐的气氛，很想获得别人真诚的赞美。管理者在赞美年轻员工的时候一定要明确这一点，要做到赞美员工是发自肺腑的情真意切。一些类似于捧场的夸夸其谈的赞美，并不会引起员工多大的好感。

要做到真诚地赞美他人首先要在情感上推己及人，自己主动与员工打成一片，把员工的成功当成是自己的成功，只有这样，才能对员工的成就产生由衷的高兴，也才会有真诚的赞美。其次，要有虚怀若谷、见贤思齐的优秀品质，要坦然地欣赏员工的优点与成绩。刘邦在一次庆功宴上，问在座的文武百官："我何以能得天下？"群臣纷纷说出自己的意见，大多是称赞刘邦的宏才武略，而刘邦却不以为然地说："论运筹帷幄，我不如张良；论筹集军备粮草，我不如萧何；论决胜千里之外，我不如韩信……"刘邦能有如此的气度去称赞其臣子，我们就不会奇怪他为何能使天下之才为之所用了，而刘邦也正是借此建立了汉王朝。

有的管理者却为人小气，嫉妒贤能，这些都是管理的大忌。如对员工的出色才华感到恐惧，害怕他们有朝一日会成为威胁自己的对手。有了成绩偏偏视而不见，这些都会使管理者在赞美员工时言不由衷，甚至话中带刺。使得员工在情感上受挫，工作积极性减退，对管理者也会充满敌意。

当众且及时

　　管理者要善于抓住员工在工作中所表现出来的优点和长处，及时在公开的场合对其进行赞美，以激发他们的工作热情。在公开场合进行褒奖，能很大限度地满足年轻员工的心理需求。另外，对于员工的表扬还必须及时，一旦发现，立刻表扬。这样，才能让员工体会到你对他们的重视。

　　有一次，曾国藩召集诸将讨论军务，他说："诸位都知道，洪秀全是从长江上游东下而占据江宁的……江宁之上，仅存皖省，若皖省克复，江宁早晚必成孤城。"此时，一向沉默寡言的部将李续宾插话道："涤帅的意思，是要进兵安徽。""对！"曾国藩以赏识的目光看了李续宾一眼接着说，"迪庵说得好，看来你平时对此已有思考。为将者，踏营攻寨算路程等尚在其次，重要的是胸有全局，规划宏远，这才是大将之才。迪庵在这点上，比诸位要略胜一筹。"

　　从中，我们不难看出，曾国藩的公开表扬法无疑是一箭双雕，既使李续宾受到了感动与鼓舞，也敲打了其他的将士。

技巧的变化

由于每个员工的个性和知识层次的不同，因此一定要注意赞美方式的多样性，如果千篇一律地赞美他人，通常达不到预期的效果。赞美员工时，可以换一种表达方式。如间接地进行赞扬，即当着甲赞美乙，这种赞美很快就会被乙得知，而在乙看来，你的赞美会更具体。还有一种是对比性的赞扬，即把他与别的同事比较，突出他的优点。还有一种赞美的方法就是感受性赞美，即重点放在自己对他优点的一些感受上，赞扬的作用自然而生，且令人信服。

还有一种肯定性的表扬，就是适时地给员工一个良好的总结性的评价。总之，赞美人的方式是多种多样的，只要你有心赞美他人，就不怕找不到合适的赞美方式。

此外，管理者赞扬员工时，还可以用具体的行动加以表示，因为这是一种"无声胜有声的赞美"。在员工生病时，去医院看望一下员工；员工的生日时，对他们说一声生日快乐，或者送一份小小的礼物。这些都会让员工真切地感受到你对他们的关心和器重，从而更好地为你效力。

适度地赞美

过分赞美会变成阿谀。因此，在赞美他人时，一定要坚持适度的原则。夸奖或赞美一个人时，有时候稍微夸张一点更能充分地表达自己的赞美之情，别人也会乐于接受。但如果过分夸张，你的赞美就脱离了实际情况，让人感觉里面缺乏真诚的东西。因为真诚的赞美通常是比较朴实的，发自内心的。只有恭维、讨好才是过分夸张和矫揉造作的。

人人都渴望得到他人的赞美，但却不是人人都喜欢夸张的恭维。现实通常又是相互矛盾的。菲力普有一句名言是这样说的："很多人都知道怎样奉承，很少有人知道怎样赞美。"但不管怎么样，越是知识层次高、品位高、素质高的人，越不喜欢夸张的恭维。

据说有一个年轻人曾经给恩格斯写了一封热情洋溢的信，信中称赞恩格斯是一位无与伦比的革命导师、一位伟大的思想家，甚至称其为马克思的再现等。恩格斯并没有因为这封信而有丝毫的感动，反而生气地回信说："我不是什么导师、思想家，我的名字叫恩格斯。"恩格斯作为一位杰出的思想家，他不喜欢别人赞美他时用些夸张的词汇，又因为他和马克思近几十年的友谊，他是非常尊敬马克思的，当然会忌讳别人称他为"马克思的再现"。

历史上有一位冯希乐，他是一个口才敏捷的人。有一次，他去拜访长林县令，赞叹道："仁风所感，猛兽出境。昨日入县界，见虎狼相尾西去。"刚夸过不久，就有村老来报告："昨夜大虫连食三人！"长林县令很不高兴地责问冯希乐究竟是怎么回事，冯希乐面红耳赤地回答说："是必便道掠食。"冯希乐夸张得脱离了实际情况，无视野兽吃人的本性，信口雌黄，说野兽已被县太爷的仁义教化所感动，所以离县而去，结果是抢起巴掌，自己打自己的脸，这就是所谓的轻言取辱。

赞美他人的正确态度应该是实事求是、朴素真诚。因为大凡有涵养的人，都比较喜欢自然朴实的赞美。

费孝通与其夫人王同惠的一段往事演绎了一个很生动的故事。1933 年，在燕京大学社会学系的聚会上，王同惠和费孝通就人口问题发生了一次争论。费孝通为了说服她，就把一本关于人口问题的书作为圣诞礼物送给了王同惠。王同惠后来对费孝通说："是你的这件礼物打动了我这颗'凡心'，觉得你这个人不平常。"费教通听后很自豪，赞叹自己遇到了知己。他后来说："这个评价成了我们两个人的结合剂，也就是牵引了我们两人一生的这根线。一个赏识'不平常'的人，而以此定情的人，也不可能是一个平常的人。"后来，费、王二人结为秦晋之好。这两个人对于对方的评价都只有三个字"不平常"。没有华丽的辞藻，也没有夸张的言辞，但却深深地打动了彼此。

过分的夸张对于被赞美者来说也是有百害而无一利的。一位作家曾经说过："过分地夸奖一个人，结果就会把人给毁了。"因为过分的夸奖，通常会使被赞美者不思进取，误以为自己已经是完美无缺了，从而停止了前进的脚步。众所周知的方仲永，小的时候因为天资聪慧，于是别人就称其为天才。其父则四处带他去走访宾客，结果等到他长大以后，跟同龄人没有什么两样了。

俗话说："金无足赤，人无完人"，没有一个人是十全十美的。

在赞美他人时切忌夸张恭维，要做到这一点，首先必须端正态度，不要将赞美与溜须拍马混为一谈。其次，赞扬对方的同时，不要忽视了他的缺点和不足，最好能把鼓励与赞美结合起来，这样才能充分发挥赞美的积极作用。

言多必有失

俗话说："会下棋的人没有闲着，会说话的人没有闲话。"沉默是金已是不变的箴言，在现实生活中，我们赞美他人时一定要慎言，不能言则不言。如果非得打肿脸充胖子一定会自讨没趣。如某位宾客恭维新娘子说："别人都说新娘子长得难看，我却不这么认为。"这就是所谓画蛇添足，结果可想而知。

很多人在赞美他人时，常常害怕语不尽意，在必要的称赞已经基本传达以后，仍然画蛇添足地添上几句；或出于习惯，一开口便如滔滔江水，绵绵不绝了，从而偏离了赞美本身的意图。在一个刚上任的副厂长的生日宴会上，他的哥哥出于礼貌，站起来一边向弟弟工厂的同仁以及上司敬酒，一边说："多谢各位同仁和上司多年来对我弟弟的关照，使他当上了副厂长。"这句话说完，弟弟就向哥哥瞪了一眼，宴会结束后，弟弟因为这句话的后半句和哥哥吵了起来。显然哥哥的后半句话说得不得当，因为感谢的内容过于具体，容易让人产生误解，觉得当上副厂长只是由同仁和上司关照的结果，而不是他本人具备实力，所以要特别为此表示感谢。它造成的负面效果是：既缩小了谢意的范围，又贬抑了弟弟。并没有起到赞美弟弟的同事与上司的意图，却使得哥俩反目成仇。

在日常生活中，很多时候都会出现好话千万句，毁于一二言。本来是一句非常关切的话，却因为多说了几句，使得话的含义完全变质。

一个公司年轻的女推销员，在一个风雪交加的早晨接到经理的一个电话。在电话中，经理对她说："雪天路滑多保重。"正当她因为这句话而感到周身温暖时，经理接着又说："别摔断了胳膊、腿，最近业务很多，本来人手就少，摔坏了就把生意给耽误了！"女推销员听到这里，气得差点摔了电话，心酸地想："我原以为经理对我挺关心的，哪知他关心的不过是自己的生意，他的心好黑呀！"

作为经理，为公司的业务着想是无可非议的，经理把对员工的关切和对业务的关切结合起来是理所当然，但后来那几句话却带有强烈的利己主义色彩，完全冲淡了他关心员工安全的含义。在这种情况下，他大可将员工的行为大大赞美一番，这样员工的心里暖烘烘的，她就会更加卖力地为他工作，那他所关心的公司业绩自然就会大大提高的。

为了说话时不至于因为多言而产生"负作用"，必须在嘴巴上"安一个开关"。说话时一定要保持清醒的头脑，赞美他人时一定要三思而后说。此外，还必须对被赞美者的情况有一个很清楚的了解。这样，才会少犯错。

另外，在赞美他人时，要做到不多言。因为多言对于被赞美者来说，不但不会引起丝毫的感动，而且会留下隐痛。古语云："赠人以言，重如珠玉；伤人以言，甚于剑戟。"因此，在赞美他人时，一定要注意措词是否得当。因为多言不宜，轻言取辱。

第五章　掌握分寸——管理者批评员工的说话技巧

批评，是指人际交往中一方对另一方所犯的错误、存在的不足和观点见解方面的不正确而进行得体、恰当、有效的指责。就本质而言，批评是令对方产生不快、感到心理压力的活动。没有人喜欢受到批评，也正因为如此，如果批评的方式不得当，就很容易给双方的关系和工作带来消极的影响。

三大基本原则

人非圣贤，孰能无过。在日常工作中，员工的工作常常会出现某些偏差和错误。但是由于外部条件的限制，员工自身通常难以觉察到这些错误，这时管理者就必须及时提出批评，来拨正航向，纠正偏差，保证工作目标的顺利实现。由此可见，管理者适时恰当地批评员工不仅是必然的，而且也很重要。这时首先要注意的是遵守批评的原则。

1. 用朋友的口吻

你作为上司，对某一名员工的工作很不满意且必须指出来，又不便当面批评他时，你该如何做呢？首先你要低调一点，先尝试改变他的态度，以朋友的口吻去询问对方："发生了什么事？""我能为你做些什么？"或"为什么会这样？怎么回事？"等，这有助于你对情况的了解，以便更好地解决问题。或者可以直接告诉他你心目中的要求，但不要说："你们这样做根本不对！""这样做绝对不行。"你可以说："我希望你能……""我认为在这方面你能做得更好。""这样做好像没真正发挥你的水平。"用提醒的口吻和对方去说。然后私下与其交换意见，委婉地表达自己的想法，并与他们摆事实、讲道理、分析利弊，他们就会心悦诚服，真心接受你的批评和帮助。反之，如果你居高临下，盛气凌人，以上司的口吻责备他们，就会引起员工的反感，批评就会失去效果。可见，批评时的角色定位很重要，它会使批评产生截然不同的效果。

有时可能因工作繁忙，未能及时处理矛盾纠纷，你可以先行对矛盾双方进行慰问，过后再进行处理。一方面缓解了员工间由于彼此矛盾或纠纷造成的紧张气氛，另一方面可以多了解员工间产生矛盾的原因，以便调整今后的工作。

2. 对事不对人

在对员工提出批评时，预先要想清楚说什么话，大前提应该是"对事不对人"。批评时切记：不要人身攻击。例如："你这个态度，我很不欣赏。"或"为什么你总么主观，你就不能客观点吗？"等，这样说会使双方的关系非常尖锐对立，对解决问题非但没有帮助，还会使新的矛盾产生。

3. 掌握批评的时机

在发现员工有错误时，要掌握批评的时机。正面批评任何人，对谁来说都是一件十分尴尬、为难的事，但作为管理者，这是你的工作内容之一。

当你要对员工进行严厉批评时，请预先跟当事人约好一个时间，同时用简单的话先暗示他一下，让对方有心理准备，这样你也能提前思考一下对事件的处理方法。然后，把你要说内容的思路清理一下，重点重申一次，这样有助你减少不安的感觉。不妨写一个大纲，准备随时翻阅，不致因疏漏而要重讲一次。要经常提醒自己："把握分寸""保持冷静""不要急"，态度自然轻松。记着，正面和诚恳的话语，能令受批评者较易接受和免除尴尬。

在批评他人时，开场白是很重要的，切忌凡事用"我认为"来开头，给对方过大压力。可以婉转地说："你经常迟到早退，是否有什么难处？""单位有单位的规矩，你迟到早退，对其他同事的工作有影响，而且不公平。""我欣赏你做事速战速决的作风，但希望你能依照单位的规矩而行，以免妨碍正常的工作。"

批评员工要及时，即立即采取行动。随时发现，随时批评，不要拖延，如果总是想过几天再说，这样，对方就会想："我一直都是这样做的，怎么你过去就没意见呢？"

但这并不是说要不加选择地及时批评。有人认为：管理者是权威的代表，在与员工谈话时只要使用肯定或提高声调的语气就行了。其实则不然，作为管理者，要首先考虑到对方的自尊心，不能在大庭广众之下，去纠正员工的过失并且批评他们。

有的员工因为本身的原因，常常缺乏干劲，工作没有主动性。你批评他们一通，想以此来调动他们的主动性，是无济于事的，主动性必须靠内因来调动。对他们的批评只能是隐晦的，在表面上要进行激励。谈话的目的在于让对方接受，而接受则需要对症下药，采取攻心策略。

如果他们喜欢养花，可以将他们的工作和花儿进行联系，这样就能激起员工的积极性，使他认真、热情地去工作。不仅如此，这种激励的方法还能使员工产生一种责任感，而责任感恰恰是做好工作的前提。如此一来，员工必能心服口服，愉快地接受你的批评，因为他们的努力得到了承认，他们的积极性得到了肯定。

批评的艺术性

一位哲人说过："我们只有用放大镜来看自己的错误，而用相反的方法来对待别人的错误，才能对于自己和别人的错误有一个比较公正的评价。"

在管理者的工作中，批评也是一种必要的强化手段，它与表扬是相辅相成的。作为管理者，要尽量减少批评所产生的副作用，减少人们对批评的抵触情绪，以达到较理想的批评效果。在批评别人的时候，首先要对自己与别人都有一个正确的认识，要想到自己应承担的责任，想到自己的不足。同时，以理解的态度去看待对方的过失，考虑一下自己在同等条件下是否也会出现过失，不要用一贯正确的口吻去批评别人。

在批评员工的时候，如果我们换一种方式，私下与其交换意见，委婉地表达自己的想法，并与他们摆事实，讲道理，分析利弊，他们就会心悦诚服，真正接受你的批评和帮助。

可见，批评的方法是关键，方法不同，效果当然也不同。批评成功的条件，基本概括起来有三条：一是心要诚；二是要有彻底、中肯的分析；三是运用恰当的批评方式。下面是四种颇有艺术性的批评方式，对管理者具有较强的启示作用。

1. 启发式的批评

要使对方从根本、从内心认识到自己的错误，需要批评者从深处挖掘错误的原因，晓之以理，动之以情，循循善诱，帮助他们认识、改正错误。

　　某单位员工小张要结婚了，主任问他："小张，你们的婚礼准备怎么办呢？"小张不好意思地说："我想办得简单点，可是丈母娘说，她就只有这个独生女……"主任说："哦，咱们单位还有小李、小赵都是独生女。"这段话双方都用了隐语。

　　小张的意思是婚礼不得不办，而主任的意思是：别人也是独生女，但能新事新办。

2. 幽默式的批评

　　幽默式的批评就是在批评的过程中，使用富有哲理的故事、双关语、形象的比喻等，以此缓解批评时对方紧张的情绪，启发被批评者，从而增进相互间的感情交流，使批评不但达到教育对方的目的，同时也创造出轻松愉快的气氛。

　　伏尔泰曾有一位仆人很懒惰。一天伏尔泰请他把鞋子拿过来。鞋子拿来了，但上面布满污泥。于是伏尔泰问道："你早晨怎么不把它擦干净呢？"

　　"用不着，先生。路上尽是污泥，两个小时以后，您的鞋子又要和现在的一样脏了。"

　　伏尔泰没有讲话，微笑着走出门。仆人赶忙追上说："先生慢走！钥匙呢？食橱上的钥匙，我还要吃午饭呢。"

　　"我的朋友，还吃什么午饭。反正两小时以后你又将和现在一样饿了。"

　　伏尔泰巧用幽默的话语，批评了仆人的懒惰。如果他厉声呵斥他、命令他，就不会有这么好的效果了。

3. 警告式的批评

　　如果对方犯的不是原则性的错误，或者不是正在犯错误的现场，我们就没有必要"真枪实弹"地对其进行批评。可以用温和的话语，只点明问题；或者是用某些事物对比、影射，做到点到为止，起到一个警告的作用。

4. 委婉式的批评

委婉式的批评也称间接批评。一般采用借彼比此的方法，声东击西，让被批评者有一个思考的余地。其特点是含蓄，不伤害被批评者的自尊心。

据传有一次宴会上，一位胖夫人坐在身材瘦小的萧伯纳旁边，带着娇媚的笑容问大作家："亲爱的大作家，你知道防止肥胖有什么办法吗？"萧伯纳郑重地对她说："有一个办法我是知道的，但是我怎么想也无法把这个词翻译给你听，因为'干活'这个词对你来说是外国话呀！"

萧伯纳的这种含蓄委婉、柔中带刚的批评方式，针对性极强。

总之，批评的方法要以教育为主，用事实教育人，用道理开导人，用后果提醒人，从而使对方诚心诚意地接受批评。

切忌恶语伤人

　　每个人都有自尊心，因此批评他人时一定要平等相待，绝不能以审判者自居，更不能幸灾乐祸，甚至恶语中伤。否则，训斥不仅是对被批评者自尊心的损伤，更是人格上的侮辱。要心平气和地谈论问题，给员工一种爱护、亲近感。

　　无论任何团体，当员工犯下不可原谅的错误时，作为管理者无可避免地要对其加以斥责。但是每个人都有自尊心，批评要在平等的基础上进行，态度上的严厉不等于言语上的恶毒，切记，只有无能的管理者才去揭员工的伤疤。因为这种做法除了让人勾起一些不愉快的回忆，于事无补；而且除了使被批评者寒心外，旁观的人也一定不会舒服。因疤疤人人都有，只是大小不同，见到同事的惨状，只要不是幸灾乐祸的人，都会有"兔死狐悲，物伤其类"的感觉。

　　更何况，批评的目的是搞清问题，而不是搞臭员工。而且恰当的批评语言，还反映着管理者的心胸和修养问题，绝不能以审判官自居，恶语相向，不分轻重。

　　值得注意的是，作为管理者，在严厉地批评了员工之后，一定不忘立即补上一句安慰或鼓励的话，"打一巴掌不忘揉三揉"。因为，任何人在遭受了领导的斥责之后，都会垂头丧气，对自己的信心丧失殆尽。如此，造成的后果必然就使他更加自暴自弃。

　　管理者若能适时利用一两句温馨的话语来鼓励他，或在事后私下对其表示，正是因为看他有前途，才会严格要求。受批评的员工必会深深体会"爱之深，责之切"的道理，而更加发愤图强。这样一来，员工不仅会牢记错误，而且还会提高工作的积极性和自觉性。

切忌主观臆断

"闻过则喜"是中国的一句古训，但并不是每个人都能愉快地接受别人的批评。管理者批评员工，要使员工达到心悦诚服，没有以权压人，以势压人之感，很重要的一条就是要做到实事求是。

批评本来是改正错误，教育人的，因此它的前提必须是员工确实有错误存在。没有错误，硬去批评人家，会给员工留下"蓄意整人"的印象。管理者要心胸豁达，实事求是，最忌神经过敏、疑神疑鬼、听信流言、无中生有。

管理者在批评之前先考虑一下有几分的事实根据，这是比批评的态度和方法更为基本的东西。如果事先调查不够，事实真相与得到的情况有差异，被批评者就难以接受；如果有人提供了假情况，打"小报告"，管理者以此为据，大加批评，那就更难以服人了。所以，管理者批评员工，责任要分清，事实要准确，原因要查明。从实际出发，弄清事情的本来面目，找出问题的原因，恰当地分清责任，这样的批评有理有据，既不夸大，又不失察，员工当然口服心服了。

所以，管理者批评和否定员工，必须以事实为依据，以制度建设为准绳，不能随心所欲，更不能以感情代替原则。

做到实事求是，还必须克服主观行事的倾向。主观武断的管理者容易失去人心。对于任何事物，人们都有自己的主观印象，但是作为管理者，却不可主观武断。例如，管理者在主观上不喜欢一些职员，这种情况的原因是多方面的，像脾气不好、性格不合，或者在一些小问题上有摩擦。这时一旦工作出现了偏差，便倾向将责任推到员工的身上，从而造成了恶性循环，管理者越来越挑剔员工，而员工的表现也越来越差。

管理者要避免自己的武断，必须先从心理上消除许多障碍。例如你要认识到，身为一名管理者，你可能会很敏感，或者你看问题有时会产生片面的看法等，多找自己心中的"死结"，便会在对人和事的评价上多一份公正。

要做到有效的批评，就必须注意要随着批评对象和场合的不同，改变批评的方式和语言。那种企图用统一的模式裁判现实的看法，只会让自己处处碰壁。

首先，就场合而言，不同的场合要求批评方法的不同。

聪明的管理者通常会根据不同的场合调整批评的方式，而鲁莽的管理者则通常不分场合，简单粗暴。

一般来说，尽量不要在大型的公开场合批评员工，在公开场合批评某一个员工的行为，绝对不是高明之举。采用这种方式批评员工，就是在践踏员工的自尊，不仅打击士气，同时也显示管理者的冷酷无情。

一位质检经理在进行质量检查时，对车间主任咆哮道："看看你让属下做了些什么？这种劣等产品怎么能出现在我们的流水线上！你这个车间主任是干什么吃的？如果再这么干，你就别想再待下去了！"

毫无疑问，质检经理的行为不仅会引起车间主任的难堪和愤恨，同时也会使在场的每一个普通员工感到困惑和不安。他们也许会想："下一个挨骂的人会不会是我呀！"

在这种人人自危的情绪下，员工又怎么能做好工作呢？尽管产品的质量不佳是一个非常重要的问题，但是质检经理用这种笨拙的方式处理问题，只会使事态更加严重。当着车间工人的面责骂车间主任，会影响车间主任在工人心中的地位，从而直接损害车间主任作为一名管理者的效能。更为严重的是，车间主任的自尊心受到了伤害，他可能就此流露出逆反心理或者破罐子破摔，甚至怠工、舞弊。后果可想而知了。

出现这种问题，最好的方法是：质检经理找到车间主任进行私下讨论。不但能更好地解决问题，同时也能够维持车间主任和工人们的士气，使所有的人都从中获益。

所以作为一名管理者，切不可在公开场合批评员工，更不能当着上司面批评员工，这样会使员工觉得你是有意在告他的状。

在这一点上，著名化妆品公司总裁玫琳凯女士就为我们作出了很好的榜样。

在一次由全美各地的美容顾问参加的业务峰会上，她发现一位女士的衣着、化妆与美容顾问职业很不相符。随后经过了解得知这位女士是刚刚入行的新成员。玫琳凯意识到，如果采用一对一的方式直接给这位美容顾问提建议，也许会伤害到她。所以玫琳凯决定将自己的意见以一种更巧妙的方式传递给对方。

于是，玫琳凯在业务会议上做了一次题为"美容顾问的仪容和着装"的演讲。这样一来，既让与会人员从演讲中学到了东西，又让那位美容顾问意识到了自己的问题，而且还没有伤害她的自尊。

在整个会议中，玫琳凯一再提醒在场的每一位美容顾问，要表现出自己的专业风范。

演讲过后的第二天，玫琳凯发现原来那名邋遢的美容顾问不见了，取而代之的是一位整洁朴素，又不失专业风范的职业女性。

若实在无可避免时，也要注意批评的力度。这一点尤为重要。

古代有一位侠客，他的属下有求于人。一次朋友问他："有那么多弟子仰慕你、跟随你，你是否有什么秘诀呢？"他回答说："我的秘诀是，当我要责备某一位犯错误的弟子时，一定叫他到我的房间里，在没有旁人的场合才提醒他，就是如此。"

对管理者而言，你要明白，既然身为领导，无论如何你总该对单位的人和事负有责任，这是谁都推诿不掉的。喜欢将"家丑外扬"，反而暴露出你的管理不力，或由你制定的管理体系有缺点、不健全。更不好的是，还会给人留下自私狭隘的印象。

当然，批评也要看具体对象，我们要着意于他的职业、年龄、性格这样一些主要因素。

不同的职业有不同的批评要求。譬如对安全性要求很高的行业，批评就要严厉一些；而对于一些要求员工自由发挥程度较高的职业，批评则要注重于启发引导。

不同年龄的人所用的批评方法也要有所差别：年长者要用商讨的语气，对同龄人则可自由一些，毕竟彼此的共同点较多；而对年轻人则应多给予一些启发性的批评，促使其提高认识。比如对老年人，称呼前加上谦辞，显得郑重有礼；对年少者用"小×"来称呼，增加亲近感，就能增强批评的效果。

就性格上的差别来说，心理学家将人的性格分为外倾型和内倾型两类。外倾型开朗活泼，善于交际；内倾型则孤僻恬静，处事谨慎。对不同类型的员工，管理者就要采取不同的批评方法：对于前者可以直率，对于后者需要委婉；对于前者的谈话要干净利落，对于后者的措词要注意斟酌。至于介乎二者之间的中间性格类型的人，可以随机应变，因人而异。

批评要有节制

批评的质量与其数量之间，并不存在正比关系。有效的批评通常能一针见血地指出问题的实质，使员工心悦诚服；而絮絮叨叨的指责却会增加员工的逆反心理，即使他们能接受，也会因为管理者语言缺乏重点而抓不住错误的本质。

严重的是，有些管理者似乎就是喜欢"得理不饶人"，员工越是认错，他咆哮得越厉害。这样的谈话进行到最后会是什么结果呢？一种可能是被批评者垂头丧气，另一种可能则是他们忍无可忍，勃然大怒，重新"翻案"，大闹一场而去。这时候，挨骂员工的心情基本上都是一样的，就是认为："我已经认了错，还要抓住不放，实在太过分了。"

显然，管理者这么做是不明智的。有些管理者认为员工并非真心认错，实际上不论认错态度真假，认错本身不是坏事，所以要先肯定下来。然后便可循此思路继续下去：错在何处？为什么会发生这样的错误？造成了什么恶劣后果？怎样弥补损失？如何防止再犯类似的错误？只要这些问题，尤其是最后一个问题解决了，批评指责的目的也就达到了。

须知有一千个犯错误的员工，就有一千条辩护的理由。员工能自我反省，承认错误，就不要苛求。总之，犯错是第一阶段，认错是第二阶段，改错是第三阶段。无论如何，在员工认错之后，管理者就要努力帮助他迈向第三阶段，而不是其他。

"激励式"的批评

用激励代替批评，是史金纳教授的基本观点。这位伟大的心理学家以实验来证明：当减少批评，多多激励对方时，人所做的好事会增加，而比较不好的事会因受忽视而逐渐萎缩。

许多年以前，一个10岁的小男孩在工厂里做工。他一直喜欢唱歌，梦想当一名歌星，他的第一位老师却不但没给他鼓励，反而使他泄气。他说："你不适合唱歌，你五音不全，唱起歌简直就像风在吹百叶窗一样。"

但他的母亲——一位穷苦的农妇却不以为然，她搂着自己的孩子，激励他说："孩子，你能唱歌，你一定能把歌唱好。瞧你现在已经有了很大进步。"她节省下每一分钱，给她的儿子用来上音乐课。母亲的嘉许，给了孩子无穷的力量，也从此改变了他的一生。他成了那个时代最伟大、最知名的歌剧演唱家。

假如在这个小男孩的童年，只有那位老师的无情打击，没有母亲的激励与赞许，这个世界上也许就失去了一位著名的歌剧演唱家。

生活中，少一分指责，多一些嘉许，不仅令事情做起来得心应手，也给予对方愉悦的心情，何乐而不为呢？

我们不要由于怀着自己的私心或对某些事物不感兴趣，就对他人的行为采取贬低或嫌弃的态度。没有爱迪生母亲对儿子孵鸡蛋行为的肯定与赞许，也许爱迪生就没有今日的辉煌成就；英国作家韦斯特若没得到老校长的激励，可能就没有他的无数本畅销书，英国文学史就会缺少不朽的一页。也许就是那一句微不足道的激励，给了那些需要动力的人无穷的力量，给那些身处逆境的人奋斗的信心。

在一这本书里，著名心理学家评论道："激励对温暖人类的灵魂而言，就像阳光一样，没有它，我们就无法成长开花。但是我们大多数的人，只是敏于躲避别人的冷言冷语，而我们自己吝于把激励的温暖阳光给予别人。"

那么身为管理者，在看完上面这些话之后，就别吝啬你的那束阳光，让它照耀周围的每一个人吧！

"赞美式"的批评

指出别人的缺点时，可能因为和对方意思相违而伤害到对方，又可能因对方态度蛮横伤及自己，这时，我们需要用赞美的话语做中和剂，令对方反驳不是，发怒也不是，让我们批评得有理有据，令其平和地接受。

首先，要设想一个限度，否则你的忠告也许会适得其反。当你指出别人的缺点时，必须先认识到人类的脆弱及不完美，且保持着自我反省的心态和与对方一同背负过失的谦虚态度，让对方发觉自身的缺点和错误。其次，为了免于引起对方的逆反心理，最好事先准备些称赞的话，在批评他人之前，先将这副"灵丹妙药"给对方服下，然后再转入正题。当对方因你指出的缺点而感到难过和难以接受时，表扬就起了很大的中和作用。

某部门的主管一大早见到他的女秘书，便夸她："你昨天拟的那份报告很好，我很喜欢。"那位女秘书听了受宠若惊，很高兴。这位主管又不急不忙地接着说："要是今后打字的时候多加注意，不要有错别字就更好了。"

这位主管的方法值得效仿，就像一种很苦的药丸，外面裹上糖衣，先让人感到甜味，容易一下子吞到肚里。于是药物进入肠胃，药性再发生作用。病人既不会感到药苦，又把病治好了。如果主管直截了当地指出，"以后注意错别字"，那位女秘书可能会觉得羞愧、难过，难以接受，或者还要争辩几句。这样，对秘书的规劝就失去了效果，还可能引起员工的不满，令双方不愉快。

良药未必苦口，批评也要讲究方法。不顾时间、地点、对方心理，直截了当、劈头盖脸地一阵冷言恶语，达不到批评的目的，反而会适得其反。学会和风细雨地指出别人的错误和缺点，好处多多！

"三明治式"的批评

美国著名企业家在一书中写道："不要只批评而不赞美，这是我严格遵守的一个原则。不管你要批评的是什么，都必须找出对方的长处来赞美，批评前和批评后都要这么做。这就是我所谓的'三明治式'批评法——夹在两大赞美中的小批评。"

在批评别人时，先找出对方的长处赞美一番，然后再提出批评，而且要让谈话在友好的气氛中结束，同时再使用一些赞扬的词语。这种两头赞扬、中间批评的方式，很像三明治这种食品，故以此为名。

用这种方式处理问题，对方可能不会太难为情，也减少了因被激怒而引起的冲突。这种方法在很多情况下，也是很有效的。其优点就在于批评者提到对方的长处起到了替对方辩护的作用。

从心理学的角度来分析批评行为时，我们会发现，大多数人在听到批评时，总不像听到赞扬那样舒服。人在本能上对批评都有一种抵触心理。人们喜欢为自己的行为辩解，尤其是一个人在工作中已付出很大努力时，对批评会更为敏感，也更喜欢为自己辩解，以此让自己和他人都相信他是没有错的。

从心理学角度分析，这也是认知不协调的一种表现。即在认识上，人们确信自己是不可能不犯错误的，而在行为上却试图为每一次过失辩解。解决这种认知不协调的方法，就是批评者替对方进行辩解或创造条件使对方觉得无法辩解。

对方的能力、为人、工作的努力等方面，有很多可以肯定的地方。批评者如果视而不见，对方可能会觉得不公平，认为自己多方面的成绩或长期的努力没有得到应有的重视；而一次失误就被抓住，大概是对方专门和自己作对或自己的努力不被承认。

如果批评者先赞扬对方，就能避免对方的敌意，表明管理者、同事对他所做工作的承认，使他知道批评是对具体事而不是对人的，他自然也就放弃了用辩解来维护自尊心的做法。有些管理者不喜欢这种方式，认为先赞美再批评，是一种软弱的表现，管理者应该是强者的形象。在日益强调人文情怀的重要时，这种批评的方法完全以管理者自居，以严厉维护威信，很不可取。

从"三明治策略"的表达形式看，赞扬—批评—赞扬，也是符合人的心适应能力的。人都希望得到别人的赞赏，赞扬就应该在他的心里留下比较深的印象。两头赞扬就能起到这种作用。当批评者在诚恳而客观的赞扬之后再进行批评时，人们会因为赞扬效应的作用，而觉得批评不那么刺耳。

但是，如果你需要比较透彻地分析他的错误时，赞扬的作用可能会被冲淡，批评又会产生比较强的近因效应，被批评者可能会产生一种被戏弄的感觉。注意观察一下就发现，所谓人缘好的管理者都比较喜欢"三明治"式的批评方法。当然，这是管理者根据自己的经验自觉或不自觉地去做的，并非"进口"的技术。我领导工作的传统，就是要求采取"同志式"的批评，要"治病救人"。

比较典型的"三明治"式，就是标准的三段论："小张，这份总结写得很好，看来你下了一番功夫，思路很清楚，里面有几点写得很精彩。要说不足，我看是不是把这几处改一下，这种说法不太妥当，这几处话写得有点过，会刺伤别人的积极性，回去再改改。好好干，小伙子挺聪明，文笔很好，以后要再接再厉啊。"这样说，小张听后会觉得管理者对自己充满期望，不足的地方点得很清楚，合情合理，他就会尽最大努力去改正不妥当的地方。

有时，人们也会把"三明治"变成"双色糕"，让赞扬与批评交错出现，其目的也是维持听者的心理平衡。如果批评是三言两语便可结束，只需"三明治"即可；如果要分析，谈话时间较长，就要在大"三段论"中，套上小"三段论"时时谈起别人的优点，这样效果会好得多。

最佳批评法

我们在批评的语言上，要学会采取最能打动人心的方式。针对被批评者的特点，从最佳的角度出发来进行有效的批评。下面就介绍几种最佳的批评方法。

1. 从批评自己开始

在批评他人之前，先谈一谈自己从前做过的类似错事：一方面可以为对方提供活生生的例证，让他们从这例证中认识到犯错误的严重后果。另一方面也可以带给对方一定程度的认同感，拉近彼此的心理距离，营造出心胸开阔、坦诚相见的良好氛围，从而使对方更容易接受。

2. 批评前先做表扬

批评需要营造适宜的氛围。在冷冰冰的气氛里，很难收到良好的批评效果。如果在批评之前，先表示对对方某一长处的赞赏，肯定对方的价值，满足其某种心理需要，那么就能够制造出较好的气氛。一方面削弱批评本身让人难以接受的程度，另一方面也使被批评者不致产生逆反心理。

3. 变个体称谓为群体称谓

改变称谓，就是故意模糊具体的犯错误者，通过对某种群体性错误行为的评析，使犯错误的人明白自己的错误。

任何人都有自尊心，而直截了当地批评则很容易触痛别人的自尊心。这时别人虽然明白了自己行为的错误性，但感情上却难以接受，甚至会让感性冲破理性的约束，与批评者顶撞起来。针对这种心理，我们可以使用暗指式的批评方法，故意模糊犯错误的具体对象，转而通过评析某种错误行为或错误现象，来使对方渐渐意识到自己的错误，这样对方就容易接受了。

4. 把态度蕴含在感受中

在批评时不公开自己对某件事结果的态度，只从个人的角度出发表明自己的感受，将褒贬蕴藏于中性的评述之中。

有时候，碍于所处的场合或被批评对象的面子，批评者虽然胸怀块垒，不吐不快，但却不便以过于直白的方式进行表达。这时候，批评者可以模糊自己的态度，只把自己的话语作为个人感受的抒发，而将批评之意蕴藏在貌似中性的话语之中，既不破坏特定场合的气氛，又能够使批评对象领会自己的意图，并引起所有在场者的思考。

一次，一位记者采访王安忆，问及她对《傅雷家书》的印象。王安忆含蓄地说："它给了我很多启发。不过，像傅雷先生那样，做人也做得太累了。如果年轻人的一言一行都被这些包袱压着，那就太吃力了！"一边是"启发"，一边是"包袱"，在那转折与假设之中，批评之意便依稀可见了。

傅雷是受人尊崇的著名翻译家、教育家，在接受记者采访这样的场合，王安忆确实不方便直接表明自己对其教育观点的批评之意，以免记者在媒体上大做文章，曲解她的本意。于是，王安忆采用了讲述个人感受的方式，先言"启发"，再谈"包袱"，既让大家明白了意思，又不显得过激和叛逆。

5. 把批评寓于鼓励之中

这种方法就是在批评中指出别人潜在的优势，表明他们有能力做好事情或改正错误。

一个人犯了错误受到批评，对当事人而言既是一段痛苦的经历，又是一次对信心的打击，很容易使他们对错误耿耿于怀，对个人的能力产生根本性的怀疑。我们在批评犯错者时，主要目的当然是指出错误令其改正，但同时注意不要挫伤对方的自信心和积极性。我们在批评时还应恰到好处地指出对方的潜在优势，以此调动他的自信心和积极性，使其以积极的心态改正错误，继续前进。

在一个书法培训班上，有一位学员的起点很低，特别在运笔方面总是犯低级错误。他对比别人，感到很沮丧。培训班的老师知道了他的情况，并没有责怪他起点太低或练习不勤，而是对他说："你的书法天赋不错，对于书法的艺术感觉是可以的；虽然在运笔方面还有些欠缺，但这是初学者都会犯的错误，多练习几遍，多注意一下就好了。"那位学员听了老师的话，认识到自己的错误其实并不是很难改正的，于是对练习书法又充满了信心，运笔的错误也慢慢改好了。

谁都不愿犯错，可是在学习、工作和生活中，因为能力、经验、阅历等诸多方面的不足，犯错总是在所难免的。对于这类错误，我们要像上述案例中的书法老师一样，采用激励式的批评法，指出犯错者身上的潜在优势，打消他对个人能力的怀疑。

6. 在批评的同时，帮他人找出犯错误的原因

批评本身不是目的而是手段，在指出他人错误的基础上，能真正帮对方改正错误，更好地开展学习与工作才是最终的目的。一方面要求批评者要肯定对方以往的工作成绩，不能因批评而打击对方的信心；另一方面还要尽量帮助对方分析犯错误的原因，为其提供切实可行的解决办法。只有这样做，犯错者才能够更好地恢复信心，更快地返回正常的学习和工作轨道。

7. 用建议的方式提出批评

这种方法是指以建议的方式向对方提出正确的做法，从而否定对方的不正确的行为。

"意见"和"建议"两词的区别就在于前者是否定性的，而后者是建设性的，相比之下，人们更容易接受建议而不是意见。建设性的批评能削弱批评中的否定性因素，营造出良好的解决问题、改进工作的气氛。在这样的气氛中，被批评者既没有从批评中感受到太多不快，又自然而然地放弃了原先不正确的做法。

某家具厂常年生产木质家具，工厂的墙上到处贴着"禁止吸烟"的标语。有一天，工人李某憋不住烟瘾，在厂区内抽起来了。这时，恰巧被厂长看见了。李某惊恐万分，以为这下厂长要狠狠地批评他了，不料，厂长走到李某面前，拍拍他的肩膀，然后说："年轻人，我建议你把烟拿到外面去抽。这样，工厂的安全措施就更加落实了。"李某出乎意料，愉快地接受了厂长的批评。

在上述案例中，厂长成功地采用了建议式的批评方法。正当李某因害怕被狠狠批评而承受巨大心理压力时，厂长并没有直接批评他的错误行为以及这种行为可能带来的严重后果；而是用建议的方式为小李提供了另外可供选择的行为方式，让小李自然地认识到自己的错误，愉快地接受了批评。

8. 用潜台词指出对方的错误

这种方法是指故意不把话说得太明白，利用潜台词指出别人的错误，让其认识到自己的不足。

许多人之所以做出错误的行动，并不是因为他们不懂得这行动本身的违法、违规或不道德性；而是因为一时被种种不良的念头所驱使，导致自己做出了在理性状态下不太可能做出的错事。遇到这种情况时，批评者通常没有必要再去重申那些人人皆知的大道理，只需采用含蓄的方式，暗示对方正在忽略最为基本的道德尺度和法律法规，使之从贪婪的念头中惊醒过来，从而自觉地放弃错误的行动。

某工厂的沈某，是一位集邮爱好者。有一次，他到厂收发室取信，突然看到他人的信封上贴着一枚精美的纪念邮票，而这枚邮票又恰恰是他缺少的。于是，他趁别人不注意的时候，想拿回去撕下这枚邮票。这时，沈某的举动被刚刚入门的收发员看到了。收发员轻轻地咳嗽一声说："小沈！咱们可都是学过法的。"小沈听后，脸一红，立刻把那封信放回原处。

在上面的案例中，集邮迷小沈其实并不是不知道这是一件违法的事，只是他对邮票太痴迷了，一时被贪婪的念头所支配，于是做出了在正常情况下不会做的错事。收发员根据小沈的具体情况，并没有对他做过多的正面批评，而是用含蓄的话题点拨他，使他很快醒悟过来，放弃了错误的行动。

9. 把昔日的成绩和现在的不足对比

先谈他人过去的成就，再谈他们的现状，从今昔的对比中含蓄地提出批评。

有些人之所以在学习和工作上停滞不前，甚至下滑不止，是因为他们过度满足于已有成绩所带来的荣耀和安逸，打不起精神来继续奋发，超越既往。对于这一类人，我们可以采用委婉的表述方式，谈一谈他们过去曾有的成绩和辉煌，再谈一谈眼下的无所作为，黯淡无光，通过强调前后的反差来含蓄地提出批评，让他们意识到自己此时的处境和肩上的责任，重新振作起来。

剧作家曹禺曾收到过一封批评信件，是画家黄永玉写的，信中大意是说：他的才华从一片海洋萎缩成一条小溪。此言令曹禺大为感慨，于是将信裱成条幅，悬于客厅。

曹禺曾写出《雷雨》《日出》等名剧，而后却长时间在艺术上止步不前，没有新的突破。画家黄永玉充分考虑到了曹禺作为戏剧界老前辈的地位，没有采用直接的批评方式，而是写给他一封含蓄的信，暗示他早年与现今在艺术建树上的强烈反差，使曹禺感受到强烈的触动，从而达到了批评的效果。

10. 用对未来的引导，来暗示教训的深刻。

这种方法就是指避而不谈对方的错误，着眼未来，表明自己相信对方，能够改正自己的错误。

当事人犯了错误，就像长出疮疤的病人，最忌讳别人津津乐道他们的痛处，批评者过多地纠缠于错误本身及其后果只会让他们厌烦痛苦，丧失信心，甚至于怀着破罐破摔的心态进行顶撞。既然错误已经过去，倒不如既往不咎，引导犯错者着眼未来，为做好明天的事情而细心准备。

一家玩具店的老板，因待人宽厚而备受员工的拥戴。有一次，员工汤米因马虎而毁掉了近百件玩具手枪，害怕得不得了。正当他准备迎接老板的厉声斥责时，老板却安静地走过来，拍了拍他的肩膀说："汤米，你不用担心我会辞退你，既然事故已经发生了，那么我并不打算追究你的责任，让我们一起从现在这一分钟开始，想一想下面的工作该怎样完成吧！"汤米听罢，万分惭愧地低下了头。

员工汤米在工作上犯了错误，这错误的性质及其后果他是非常清楚的，因此老板并没有过多地强调错误的危害性，而是采取了既往不咎的宽容姿态，引导汤米着眼于未来更繁重的工作和更重大的责任。相信汤米在接受了这样的批评之后，一定会在将来的工作中有令人满意的表现。

11．让事实来说话

别人犯了错误，由于直接牵涉到个人利益的得失，因此有时会找出一些客观原因来为自己辩解，此时，如果直接反驳对方，则可能会伤害对方的面子，刺激起他们的逆反心理。因此，批评者最好控制住自己的情绪，心平气和地回到事件本身上去，寻找能够批评对方错误所在的确凿依据，让他们自己去决定是继续狡辩还是承认错误，这样对方在面子上就好过多了。

某中学中午开饭时，一位学生端着饭盒来找司务长反映：菜没有炒熟。司务长经过鉴定，证实了学生的话，于是就和这位学生带着那盒没炒熟的菜去找炒菜的刘师傅。刘师傅没等司务长把话说完就来了火气："煤不好，火头上不来，炒的菜又多，就是神仙来也没有办法！"作为司务长明明知道学校烧的煤是没有问题的，平常这位师傅炒的菜也是没有问题的，这次完全是因为他的责任心不强造成的。但他没有急于接着刘师傅的话反驳他，而是问站在一旁炒菜的王师傅："你今天炒菜烧的什么煤？""院子里的那堆煤。""噢，那你今天炒了多少菜啊？""和刘师傅炒的一样多。""嗯，把你炒的菜打点来我看看。"司务长尝了后又交给那个学生尝，都说熟了。这时司务长才转过头来问刘师傅："你看，到底是因为煤不行，还是炒的菜太多啊？要不要让我再用相同的煤和相同的菜试验一遍呢？"在这样的事实面前，刘师傅开头的那种神气已经没有了，连忙答应把那没卖完的半生不熟的菜端去重炒。后来，连司务长宣布按规定扣他的奖金，他都没吭一声。

在上述案例中，面对刘师傅推卸责任的自我辩解，司务长并没有直接把自己内心的想法说出来驳斥对方，而是从另一位炒菜师傅那里寻找证明刘师傅狡辩的事实依据，然后心平气和地把这些事实摆在刘师傅面前，刘师傅自然无话可说，并自觉地改正错误、接受处罚了。

12. 模仿错误的反常行为引出批评

这种方法是针对员工无意之中的错误行为，故意做出具有相同错误本质的反常举动，使员工的错误外在化、形象化。由于个人习惯或其他方面的原因，员工通常会在工作中犯下一些无意的错误，给工作带来不小的损失自己却浑然不觉。管理者必须采取措施把员工无意中的错误外在化、形象化，让每一个人都看到其掩藏在表面现象之下的破坏性本质。

有一个小制造厂的老板碰到了一个十分棘手的问题，就是工人们习惯地把螺帽、螺栓以及其他一些杂七杂八的零件丢在地上。有一天，这位老板独自一人走到装配区的中央，拿出一卷一毛钱的硬币，把外面的纸卷撕掉，然后把这一堆硬币丢到空中。这位老板看着这些硬币一直由空中掉落下，并散布到每个角落，然后平静地回头慢慢地踱回自己的办公室。这时，工头和工人们发现了这些硬币，急忙一个个拾起来，并摇着头叹息道："真是糟糕不过了，咱们老板一定是疯了。"

第二天，老板把所有的装配工人都找到他的办公室开会说道："你们到现在为止一定还在奇怪，我昨天为什么把钱丢到装配区的地上。我并没有发疯，我只是要让你们了解我们现在所遭遇的问题。"停了一下，老板接着说道："每天，当我从办公室走到工厂制造区及装配区时，就会发现满地都是各式各样的零件，而你们却没有一个人愿意把它们从地上捡起来。这些零件都是从我口袋里拿钱去买的。你们从来不把地上的螺帽、螺栓捡起来，这就等于把钱扔出去了。不错，昨天，我是把钱扔了出去，可是你们每天浪费的材料与零件和那些一毛钱硬币一样，都是'真正'的钱哪！"老板的一席话让工人们恍然大悟。从此，工人们再也不乱丢零件了，即使有人丢了，别人也会主动拾起来。

在上述案例中，制造厂老板看到工人们乱丢零件的错误行为，他并没有直接提出批评。为了使工人们更为深刻地认识到自己错误行为的危害性本质，老板故作反常之举，"大方"地在厂房中抛撒硬币，此举果然引起了工人们的好奇和不解。针对工人们的疑惑，老板说出了自己反常之举的真正用意，指出他们乱丢零件的行为，实际上与乱丢金钱具有相同的本质。工人们经过这一堂形象生动的教育课，也改正了不良的习惯。

第六章　妙语连珠——幽默的力量

幽默最能体现一个人的修养，展示一个人受人欢迎的魅力，是内在美的表现。幽默的人必定是一个热爱生活、充满活力、富于创造力的人，因为他能不断地发现和挖掘生活的美并积极投入地用它来装点自己，在表达个性魅力的同时为周围注入了生机。

幽默是管理者必备的素质之一

幽默是思想、情操、学识、智慧和灵感在语言运用中的结晶。幽默与风趣是管理者必备的素质之一。

幽默是瞬间闪现的智慧火花，也是人的一种鲜明的个性特征。它不仅需要一种快速的反应能力，而且需要一种对事物敏感、想象丰富的气质。而反应的敏捷和幽默的气质，来自广闻博见的知识联想和对生活的深刻体验与观察。

幽默生动的话语能有效地传情达意，增进相互了解。以笑谈坦然待人，能使听者解除心理上的顾虑，缩短心理上的距离，畅所欲言，表露真情实感，从而了解听者的愿望、动机和目的。

幽默作为语言艺术，形成的基础和条件如下。

1. 要有较高的观察力和想象力

幽默的谈吐具有反应迅速的特点，这就要求说话者思维敏捷、能言善辩，而这些又来自于对生活的深刻体验和对事物的认真观察。具有较高的观察力、想象力，才能通过仿拟、移时、降用、拈连、比喻、夸张等方式说出幽默的话语。

2. 要有高尚的情趣和乐观的信念

一位名人曾经说："幽默是表明人对自己事业具有信心并且表明自己占有优势的标志。"幽默的谈吐建立在说话者有较高的思想境界和较高的涵养上。一个心胸狭窄、思想颓废的人是不会幽默的。幽默永远属于那些拥有热情的人，属于那些生活的强者。

3. 要有较高的文化素养和语言表达能力

幽默的谈吐是人的聪明才智的标志，它要求有较高的文化素养和较强的驾驭语言的能力。一个人的语言修养高、文化知识丰富，对古今中外、天南海北、历史典故、风土人情等各种各样的事情都有所了解和掌握，再加上语汇丰富、语言表达方式灵活、多样，这样讲起话来就会"得心应口"，自然就容易活泼、生动、有趣。要注意的是，幽默只是手段，并不是目的。不能为幽默而幽默，一定要根据具体的题旨语境，适当选用幽默的语言。

获得听众的好感是讲话成功的关键之一，而幽默是获得听众好感的有效办法。在一般情况下，人们都愿意与幽默的人交往。在严肃的对话过程中加上幽默生动的语言，很容易让气氛活跃轻松起来，使人的情绪在笑声中得到放松。

无论是处在风云多变的国际外交舞台，还是处在瞬息万变的商业谈判场合，只要管理者在讲话过程中多运用一些幽默生动的语言，通常会收到出奇制胜的效果，令对手大为叹服。

从心理学上讲，一个人只有内心充满自信，才能在言行上表现出轻松的姿态。幽默的语言风格恰恰就是这种内心自信、外表轻松的情绪表露。

幽默生动通常要与随机性相伴为伍。因为管理者在讲话过程中，常会遇到一些特殊的提问或者临时的其他提问，并需要及时、果断地处理和回答，即随机应变。

在工作中遇到困难时，它通常能化解难题。当遇到矛盾或者对立时，它消除烦恼。它使生疏的双方彼此亲近，也为亲密的朋友增添快乐。我们都要有意识地培养和运用生动幽默的语言，让它们在调协关系，融洽和谐的工作气氛中起到意想不到的积极作用。

幽默的原则

一般来说，说话时的幽默是一种智慧，更是一种修养的表现。作为一名优秀的管理者，说话没有幽默感就如同菜肴没有放盐一样嚼之无味。因此，要使自己说的话真正地幽默起来，要遵循下面的三条基本原则。

1. 幽默蕴含着智慧

幽默是智慧的产物，能反映人情绪智力的高低，也能促进身心健康。蕴藏着人生哲理，妙趣横生、妙语连珠的幽默，能让人思想乐观、心情愉快、意志坚定、消除疲劳，集中注意力与记忆力。

有一天，著名诗人海涅正在伏案创作。突然，有人敲门，原来是仆人送来一个邮包。寄件人是海涅的朋友梅厄先生。海涅因紧张的写作而感到有些疲倦，又因被人打断写作思路而很不高兴。他不耐烦地打开邮包，里面包着层层纸张。他撕了一层又一层，终于拿出一张小小的纸条。小纸条上写着短短的几句话："亲爱的海涅，我健康而又快活！衷心地致以问候。你的梅厄。"尽管海涅感到不耐烦，但是这个玩笑却逗得他十分开心，疲倦感即刻消失。他调整情绪后，决定对他的朋友也开一个玩笑。

几天后，梅厄先生收到了海涅的一个邮包。那邮包很沉，他无法把它拿回家。他雇了一个脚夫帮他扛回家。到家后，梅厄打开了这个令人纳闷的邮包。他惊奇地发现里面是一块大石头。石头上有一张便条，上面写着："亲爱的梅厄！看了你的信，知道你又健康又快活，我心上的这块石头落地了。我把它寄给你，以永远纪念我对你的爱。"

2. 幽默的表达要真诚

友善的幽默能表达人与人之间的真诚友爱，能沟通心灵，拉近人与人之间的距离，填平人与人之间的鸿沟，是希望和他人建立良好关系的不可缺少的东西。特别是当一个人要表达内心的不满时，如果能使用幽默的语言，别人听起来会顺耳一些。当一个人需要把别人的态度从否定改变到肯定时，幽默也会具有很强的说服力。当一个人和他人关系紧张时，即使在一触即发的关键时刻，幽默也能使彼此从容地摆脱不愉快的窘境或消除矛盾。

有一天，英国著名的文学家萧伯纳在街上行走，被一个骑自行车的冒失鬼撞倒在地，幸好没有受伤，只是虚惊一场。骑车的人急忙扶起他，连连道歉，可是萧伯纳却惋惜地说："你的运气不佳，先生，你如果把我撞死了，你就可以名扬四海了！"

萧伯纳的这一句妙语，把他和对方从不悦又紧张的窘境中解脱出来，使这场事故得到友好的处理。萧伯纳的幽默不仅给对方留下了难忘的印象，又给人以友爱和宽容。

3. 幽默要注意场合

幽默被誉为现代人为人处世的重要法宝之一，也是用来衡量一个人的口才乃至智慧的标准。很多人都在想方设法使自己成为一个幽默的人、一个有情趣的人。但是，幽默要注意场合、对象，把握一定的尺度，切不可生搬硬套。最不可取的是无话不幽默，且不分场合、不分对象，弄得大家不胜其烦，并可能会成为他人茶余饭后的笑料。滥用幽默可能会冲淡你真正的工作成绩，得不偿失。正确的态度是把幽默看作味精——少则有味，多则恶心。

　　不分场合的幽默，结果只能适得其反。比如，老板开会，正在台上向职员们发表意见，你却在这个时候突然冒出一两句逗人的话。虽然大家被你的幽默逗乐了，然而老板会认为你是一个不守纪律、缺乏礼貌和修养的人，会在心中留下对你的不良印象。又如，老板和职员欢聚在一起，说些幽默的话逗乐，而你却把这种幽默引向歧途，说了不雅的话，老板当然会认为你是一个不知高低的人。

　　使用幽默一方面要看准对象、看准场合，另一方面还要抓住时机。发挥幽默也需要"素材"，就是特定的场合、情境等，这些就像机遇一样，可遇而不可求，关键在于你能否随机应变。如果为幽默而幽默，就会显得生硬、不合时宜、不伦不类；不但不能成为沟通中的"润滑剂"，反而还可能增加沟通的"摩擦系数"。

幽默方式

一般来说我们说话时采用的幽默方式有以下几种。

1. 夸张式的幽默

将事实进行无限制的夸张，造成一种极不协调的戏剧效果，是产生幽默的有效方法之一。

据传，有一次，马克·吐温要坐火车到一所大学讲课。因为离讲课时间已经很近了，他十分着急，可是火车却开得很慢，于是马克·吐温想出了一个发泄怨气的办法。当列车员过来查票时，马克·吐温递给他一张儿童票。这位列车员也挺幽默，故意仔细打量，说："真有意思，看不出您还是个孩子哩。"马克·吐温回答："我现在已经不是孩子了，但我买火车票时还是孩子，火车开得实在太慢了。"

火车开得很慢是事实，但也绝不至于慢到让一个人从小孩长成大人。这里便是将缓慢的程度进行了无限的夸张，产生了特殊的幽默效果，令人捧腹。

有时候为了摆脱无谓的纠缠，可以故意虚张声势，利用夸张的事实与现状的矛盾，而形成幽默的效果，达到预期的目的。

有一天，林肯因身体不适，不想接见前来白宫要官的人。但是，一个要官的人却赖在林肯的身边，准备坐下长谈。正好这时，林肯的医生走进房里。林肯向他伸出双手，问道："医生，我手上的斑点到底是什么东西？"医生说："我全身都有。"林肯说："我看它们是会传染的，对吗？""不错，非常容易传染。"医生说。那位来客信以为真，马上站了起来，说："好了，我现在不便多留了，林肯先生，我没有事，只是来探望你的。"

林肯与医生假戏真做，假称"斑点"非常容易传染，虚张声势，虽不动声色，却把那位要官的人吓跑了。这种夸张的幽默，让林肯摆脱了纠缠。

2. 模仿式的幽默

模仿现存的词、句及语气等而创造新的语言，是幽默方式中很常见的一种。它通常借助于某种违背正常逻辑的想象和联想，把原来的语言要素用于新的语言环境中，造成幽默感。使用模仿语言时，还可以直接借用原文。

比如，一位导游带一个旅游团游黄山，他们准备在凌晨五时前往狮子峰看日出。可是刚到半山腰就听到有人声。导游来到山顶，发现狭小的山顶上"有利地形"全部被占据，于是她笑着说："这真是'莫道君行早，更有早行人'啊！"导游借用的是一句完整的诗，但它所表现的意境却完全不同，它包含了导游对"有利地形被占据"的无奈。而游客在她幽默的感染下，也减少了一些失望。

3. 曲解式的幽默

曲解式的幽默即将两个表面上毫不沾边的东西联系起来，造成一种不和谐、不合情理、出人意料的效果，从而产生幽默感。即有意违反常规、常理、常识，利用语法手段，打破词语的约定俗成，临时给它以新的解释，甚至对问题进行歪曲性解释，把毫不相关的事捏在一起，从而造成因果关系的错位或逻辑矛盾，得到出人意料的结果，形成幽默感。

有意曲解还包括偷换概念。即将对方谈话中使用的概念借用过来，并赋予新的内容，也会产生幽默的效果。

偷换概念的另一种方法是"以偏概全"。对于范围过宽或比较抽象的问题，只用其中的一个方面进行说明，既有利于回答难以回答的问题，又体现了幽默感。

有一次，一名新闻记者问萧伯纳："请问乐观主义者和悲观主义者的区别何在？"这是一个范围很大且很抽象的问题。如果要从理论上做出一个准确的回答，恐怕费好大劲也不一定能令对方满意。于是他说："假如这里有一瓶只剩下一半的酒，看到这瓶酒的人如果高喊：'太好了，还有一半！'这就是乐观主义者；如果悲叹：'糟糕，只剩下一半了。'那就是悲观主义者。"

在这里，萧伯纳巧妙地使用"以偏概全"的方法，选择了一个生动的事例，化大为小，回答得轻松自如，不仅颇有幽默感而且令人回味无穷。这与爱因斯坦用一个小伙子坐在火炉旁和坐在一名少女旁的不同感受，解释他的相对论有异曲同工之处。

4. 双关语式的幽默

"一语双关"可谓是幽默最厉害的招式之一，而它又不只是"幽默"而已，同时还隐含了"智慧"的成分。"一语双关"的恰如其分，能活脱脱地表达出自己对人及事的看法，除了能让大家"不禁莞尔"或"哈哈大笑"以外，更是"机智人生"的呈现。

所谓双关，也就是你说出的话包含了两层含义：一是这句话本身的含义；另一个是引申的含义，幽默就从这里产生。也可说是言在此而意在彼，让听者不只从字面上去理解，还能领会言外之意。

利用字的谐音来制造双关的效果，会显得很有幽默感。

传说古代一位大臣有一个远房亲戚，胸无点墨却热衷科举，一心想借这位大臣的关系捞个一官半职。在考场上他打开试卷，竟无法下笔，眼看要交卷了，便"灵机一动"，在试卷上写下"我乃当朝大臣的亲妻"，指望能被主考官录取。主考官批阅这份考卷时，发现他竟将"戚"错写成"妻"，不禁拈须微笑，提笔在卷上批道："所以我不敢娶你。"

"娶"与"取"同音，主考官针对他的错字，来了个双关的"错批"，既有很强的讽刺意味，又极富情趣。

5. 正话反说式的幽默

有一则宣传戒烟的公益广告，上面完全没提到吸烟的害处，相反却列举了吸烟的四大"好处"。一省布料：因为吸烟的人易患肺痨，导致驼背，身体萎缩，所以做衣服就不用那么多布料；二能防贼：抽烟的人常患气管炎，通宵咳嗽不止，贼以为主人未睡，便不敢行窃；三能防蚊：浓烈的烟雾熏得蚊子受不了，只得远远地避开；四能永葆青春：不等年老便能去世。

这里说的吸烟的四大好处，实际上是吸烟的害处，却很幽默，让人们从笑声中悟出其真正要说明的道理，即吸烟危害健康。

这就是所谓的正话反说，说出来的话，所表达的意思与字面意思完全相反。如字面上肯定，而意义上否定；或字面上否定，而意义上肯定。这也是产生幽默感的有效方法之一。

秦朝有个很有名的幽默人物优旃。有一次，秦始皇要大肆扩建御园，养珍禽异兽，以供自己围猎享乐。这是一件劳民伤财的事，但大臣们谁也不敢冒死阻止秦始皇。这时优旃挺身而出，他对秦始皇说："好，这个主意很好，多养珍禽异兽，敌人就不敢来了，即使敌人从东方来了，下令给麋鹿让它们用角顶回去就足够了。"秦始皇听了不禁大笑，并破例收回了成命。

优旃之所以能成功地劝服秦始皇，主要是使用了幽默的力量。他的话表面上是赞同秦始皇的主意，而实际意思则是说如果按秦始皇的主意办事，国力就会空虚，敌人就会趁机进攻，而麋鹿是没有能力用角把他们顶回去的。这样的正话反说，字面上赞同了秦始皇，可以保全自己；而真正的含义，又促使秦始皇在笑声中醒悟，从而达到了说服他的目的。

6. 巧妙解释式的幽默

美国总统林肯，少年在学校读书时聪慧过人。有一次老师想难住他，便问："我想考考你。你是愿意回答一道难题，还是两道容易的题目？"

"回答一道难题。"

"好吧，那么你说，蛋是怎么来的？"

"鸡生的。"林肯答道。

"鸡又是哪里来的呢？"

"老师，这是第二个问题了。"

老师想把林肯引入"鸡生蛋，蛋生鸡"这个纠缠不清的问题中，但林肯却以巧妙的解释避开了。

英国著名女作家阿加莎·克里斯蒂跟比她小 14 岁的考古学家马克斯·马温洛结婚后，有人问她为什么要嫁给一个考古学家，她幽默地说："对于任何女人来说，考古学家是最好的丈夫。因为妻子越老他就越爱她。"

这一巧妙的解释，既体现了克里斯蒂的幽默感，又说明了他们夫妻关系的和谐。

上面这两则充满幽默感的故事很好地说明了巧妙的解释能产生很强的幽默感，即对原意加以巧妙的解释而产生幽默效果。

培养幽默感的六个窍门

　　幽默给人以从容不迫的气度，更是一个人成熟、机智的象征。作为管理者你不必为自己的言语贫乏而懊恼，掌握下列的幽默窍门，你也能成为幽默专家。

1. 制造悬念

　　当你叙述某件趣事的时候，不要急于说结果，要沉住气，并以独具特色的语气和带有戏剧性的情节显示幽默的力量，在最关键的一句话说出之前，要给听众造成一种悬念。假如你迫不及待地把结果讲出来，或是通过表情与动作的变化表现出来，那就像饺子破了一样，幽默便失去效力，只会让人扫兴。

2. 为幽默加标点

　　当你说笑话时，每一次停顿，每一种特殊的语调，每一个相应的表情、手势和身体姿态，都要有助于幽默力量的发挥，让它们成为幽默的标点。重要的词语要加以强调，利用重音和停顿等以声传意的技巧来促进听众的思考，加深听众的印象。

3. 符合时宜地幽默

　　不管你肚子里堆满了多少可乐的笑话和俏皮的语言，都不能为了体现你的幽默，而不加选择地一个劲地倒出来。语言的滑稽风趣，一定要根据具体对象、具体情况和具体语境来加以运用，而不能使说出的话不合时宜。否则，不但收不到谈话所应有的效果，反而会招来麻烦，甚至伤害对方的感情，引起事端。

因此，如果你现在有一个笑语，不管它有多么有趣，但是，如果它有可能会触及对方的某些隐痛或缺陷，那么，你还是不说出来为好。

4. 幽默要适可而止

有些人在说服别人时，运用幽默过多，常常是笑话接笑话，连篇累牍，就像连珠炮一样。这样一来，谈话内容通常会脱离主题，难以实现说服别人的目的。对方听起来，也会感到云山雾罩，不知道你究竟要说什么，甚至会认为你在向他展示幽默才能呢！

5. 幽默时要"一本正经"

最不受欢迎的幽默，就是在讲什么笑话之前和之中，或是刚讲时，自己就先大笑起来。自己先笑，就把幽默给吞没了。最好的方式是让听众笑，自己不笑或微笑。这就是说，采取"一本正经"的表情和"引入圈套"的手法，才是发挥幽默力量的正确途径。

6. 在笑声中说再见

在每次对话结束的时候，最好能激发全体听众发自内心的笑容。不妨试一试，用风趣的口吻讲个小故事，说一两句俏皮话、双关语或是幽默的祝福词，这些都是很妙的结尾。

总之，你要设法在听众的笑声中说"再见"，让你的听众面带笑容和满意之情离开会场。

作为一名管理者，在与他人的交往中必然也会产生一些不必要的尴尬。如果在那些情况下，你也能从容地开个玩笑，相信你与他人之间紧张的气氛就能消失得无影无踪。而且你的员工还会被你的魅力所吸引，被你的宽广胸怀所感动，进而钦佩你，最后真正跟随你。

善于幽默的人，大多能把幽默的力量发挥得十分自如。由此，当他们开玩笑时，别人不会感到耸人听闻或是哗众取宠，而只是在给予欢乐。

用幽默沟通心灵

对于管理者来说，幽默有重要的意义：友善的幽默能表达人与人之间的真诚友爱；能沟通心灵，拉近人与人之间的距离；是有望和他人建立良好关系的不可缺少的东西。

当一个人和他人关系紧张时，即使在一触即发的关键时刻，幽默也能使彼此从容地摆脱不愉快的窘境或消除矛盾。

如果说语言是心灵的桥梁，那么幽默便是桥上行驶得最快的列车。它穿梭在此岸与彼岸之间，时而鲜明时而隐晦地表达着某种心意，并以最快捷的方式直抵人的心灵。

有人说，幽默是生活中的调味品。有人干脆说，幽默就是生活中的盐，有了它，生活本身有时也会变得趣味横生，具有神奇的魅力。

幽默能使愁眉苦脸者笑逐颜开，也能使泪水盈眶者破涕为笑；能为懒惰者带来活力，也能为勤奋者驱散疲惫；能为孤僻者增添情趣，也能使欢乐者更加愉悦。

在生活中，没有一个人不喜欢风趣幽默的语言。例如在中国的传统文艺晚会上，相声小品之所以一直成为最受欢迎的节目之一，就在于它的表现形式离不开幽默，那幽默的语言强烈地感染着观众的心，幽默的话能抓住听众的心，使听众平心静气，也可以使一些深刻的思想表达得更加生动和形象。

汉武帝晚年很希望自己能长生不老。一天他与一个侍臣东方朔闲聊："《相书》上说，一个人鼻子下面的'人中'越长，寿命就越长；'人中'长一寸，能活一百岁。"

东方朔听了这话，知道皇上又在做长生不老的梦，脸上露出一丝讥讽的笑意。皇上见东方朔似有不敬之意，喝道："你居然敢笑话我？"

东方朔毕恭毕敬地回答："我怎么敢笑话皇上呢？我是在笑彭祖的脸太长了。"

汉武帝问："你为什么笑彭祖呢？"

东方朔说："据说彭祖活了八百岁，如果真像皇上所说，'人中'长一寸就活一百岁，彭祖的'人中'就该有八寸长了，那么，他的脸岂不是太难看了吗？"

汉武帝听了，不禁哈哈大笑起来。

在这个故事里，东方朔以幽默的语言，用嘲笑彭祖的办法来劝皇帝。整个批驳机智含蓄，风趣诙谐，令怒不可遏的皇帝转怒为喜，并且愉快地"认输"。

这个小故事形象地说明了幽默的本质。由此，我们能看出幽默具有一种特性，一种引发喜悦、以愉快的方式娱人的特性。

有一次，美国329家大公司的行政主管人员，参加了一项幽默意见调查。结果表明：97％的企业主管相信，幽默在企业界具有相当高的价值；60％的企业主管相信，幽默感决定着事业成功的程度。由此可见，幽默对于现代人的重要。

获取幽默语言的途径很多。可以采用"趣味思维方式"捕捉生活中的喜剧因素。"趣味思维"是一种"错位思维"，不按照普通人的思路想，而是想到有趣的一面去。

幽默风趣是一种"快语艺术"。它突破惯性思维，遵循反常原则，想得快，说得快，触景即发；涉事成趣，出人意料之外，又在情理之中。我们在运用幽默时，要注意灵活运用修辞手法，极度的夸张、反常的妙喻、顺拈的借代、含蓄的反语，以及对比、拟人、移就、拈连、对偶等都能构成幽默。

　　当然，多注意搜集素材也很重要。我们的生活丰富多彩，提供了许多有趣的素材，这些素材无意识地进入我们记忆仓库的也很多。如果我们做个"有心人"，就会使自己的语言材料丰富起来。

用幽默启发他人的心智

　　幽默能使人发笑，是启人心智的笑，是智慧的闪现。幽默能表达说话者的思想感情和人生态度，能反映出说话者的文化修养，也是管理者表情达意的一种技巧。

　　第二次世界大战期间，英国首相丘吉尔来到华盛顿会见当时的美国总统罗斯福，要求美国与他们共同抗击德国法西斯，并给予英国物资援助。丘吉尔受到热情的接待，被安排在白宫居住。

　　据传，一天早晨，丘吉尔正躺在浴缸里洗澡。门开了，进来的正是罗斯福。丘吉尔此时大腹便便，肚皮还露出水面……这两个首脑人物此刻相见，不免有些尴尬。此刻丘吉尔灵机一动，说："总统先生，我这个英国首相在您面前，可真是开诚布公，一点隐瞒也没有啊。"说完后，两个人哈哈大笑起来。随后，双方的会谈很成功。

　　在这里，虽然不能说丘吉尔的幽默对会谈的成功起到了决定性的作用，但他那句"一点隐瞒也没有"，不仅缓解了当时个人的窘境，而且含有坦诚求助、彼此信任的含义。罗斯福又怎能感受不到呢？

　　苏联心理学家普拉图谱夫说："幽默在欢笑的背后隐藏着对事物的严肃态度，而讽刺却在严肃的形式背后隐藏着开玩笑。"

　　幽默的特点是尖锐而不刻薄、俏皮而不直露，蕴藏着说话者温厚善良的气度和高超的语言艺术。有人甚至这样认为：听了别人的话能笑，这个人是正常人；自己能讲笑话让别人笑，此人有幽默感；能够自己拿自己开玩笑,此人有希望成为幽默大师,因为自嘲是幽默的最高境界。

创造幽默最重要的因素是语言,可利用荒谬对比、设置悬念、反转突变、认同认识,造成一种包含复杂感情、充满情趣而又耐人寻味的幽默意境。

为幽默画龙点睛

在交谈中，幽默是运用意义深长的语言，再现现实生活中喜剧性的特征和现象，来传递某种特殊信息的一种表达技巧。生活中懂得风趣幽默的人，通常三言两语就能妙趣横生，不仅使人忍俊不禁，而且能使人领悟到其中蕴含的智慧和哲理。

幽默按照其修辞表现手段的不同，分为常见的四种，下面一一举例进行说明。

1. 夸张

夸张即言过其实，是日常生活中常见的一种修辞手法。

据传，里根竞选加州州长时，针对当时加州的经济情况，对物价上涨加以猛烈抨击，他说："夫人们，你们都知道，最近当你们站在超级市场卖芦笋的柜台前，你们就会感到吃钞票比吃芦笋还便宜些。"

还有一次，他说："你们还记得当初你们曾经认为没有什么东西可以代替美元吗？而今天美元却真的几乎代替不了什么东西了。"

2. 讽喻

所谓讽喻，是用寄寓深刻哲理的虚构故事，来阐明某种道理。

3. 仿拟

仿拟即故意模仿套用已有的固定语言形式，来叙说的一种表达方式。主要特点是套用现有的词、句、篇等语言形式，来揭示所描述事物的内在矛盾，创造出新的意境。

苏轼有位姓刘的朋友，因晚年患病，鬓发、眉毛尽皆脱落，鼻梁也快要断了。一天，苏轼同许多朋友相聚饮酒，大家各引古人语相戏。苏轼对这位姓刘的朋友说："大风起兮眉飞扬，安得壮士兮守鼻梁。"引来满座大笑。

苏轼仿的是汉高祖刘邦《大风歌》中，"大风起兮云飞扬，威加海内兮归故乡，安得猛士兮守四方"的首尾两句，两相对照，趣味盎然。

4. 反射

反射是现场套用对方的话语来戏谑、反驳对方，是一种语言的回归，目的是以其人之道还治其人之身。

约翰放学回来，把成绩单交给爸爸。爸爸一看有两门功课不及格，就冲着约翰怒气冲冲地喊道："你知道吗？华盛顿像你这个年龄时是全校最优秀的学生。"

约翰不慌不忙地回答："您知道吗，爸爸，像您这个年龄时华盛顿已经是美国总统了。"

幽默靠学习

幽默的学习，首先从含蓄开始。幽默应该引人发笑，但高级的幽默又最是让人回味的。

萧伯纳的幽默简约含蓄，有弦外之音，只有经过琢磨后才能领会他的意思。

幽默要有创意，要具有形象思维，因而联想和想象是不能没有的。我们不但要研究幽默名家的作品和来自民间的幽默精品，而且还要广泛地了解各种艺术形式，增强自己的艺术敏感，训练自己由此及彼、由表及里地在各个意象间构建想象的能力。

当然法无定规，幽默没有现成的模式可以遵循。我们面对的是变动不息的人群，所以幽默也只能因人因事而异，才能达到效果。

富有生趣的幽默

爱默生认为，如果你想主宰世界，就必须先使这个世界充满乐趣。同样，一个管理者要想使自己的话语富有魅力，就必须让自己的语言富有生趣。

一位作家曾说过："达观的人生观，率直无伪的态度，加上炉火纯青的技巧，再以轻松愉快的方式表达出你的意见，这便是幽默。"

幽默不是滑稽，也不是尖酸刻薄，它应该包含智慧、亲切、诚恳，并带有丰富的人情味。一个具有幽默感的人，他最大的魅力并不止于谈吐风趣、会说话而已；他还能在紧急关头发挥机智，以一种了解、体谅的心情来待人处世、化解僵局。

美国加利福尼亚州议会某议员，因劝告一位正在发表冗长而乏味演讲的议员结束演讲，而被对方斥责"滚开"。他气冲冲地向议长申诉，议长说："我已查过法典了，你的确可以不必滚开！"

幽默与嘲弄不同。幽默能提升一个人的自尊，给予双方愉快的感觉，是一种人格交流的平等互动。嘲弄却会强化一个人的自卑，使对方有挫败的感觉，是一种非平等的互动。

例如，当管理者对员工说："你是不是没有外套？从你一个月前来上班到现在，'每天'都看你穿这一件；而且闻起来有一股'奇怪的味道'，是不是没有洗过啊？"这不但会让其他同事跟着哄堂大笑，还会让这位员工窘得满脸通红，无地自容。

这当然不是幽默，而是一种嘲弄，带给员工的是一种不舒服的感觉。但是，如果这位管理者说完能够闻闻自己那件外套，就属幽默了。

幽默的表现，常适时地带来激励，创造出清新的心情与勇气。

当员工出了纰漏而自责、懊恼，或遇到棘手问题而焦躁不安时，管理者若总是习惯地"蹦"出一句："来！谁怕谁，乌龟怕铁锤，蟑螂怕拖鞋。大家一起来！让我们想想看，有什么方法能解决这个问题！"顷刻之间，全体笑成一团，员工的自我防卫和紧张的气氛也迅速瓦解。

幽默代表着管理者的危机处理能力，让管理者能超越困境，更能显露出豁达、飘逸、洒脱的自我；能化"被动"为"主动"，并带动整个团队重燃新鲜、旺盛的斗志。

一个幽默的管理者，能够轻松自然地放下身段，与员工闲话家常，打成一片，甚至开一些无伤大雅的玩笑。

有些美国企业主管，甚至在"茶点时间"或"紧张时段"，呼吁单位员工进行一场"投篮竞赛"——用纸团准确地投进垃圾桶里，借以纾解压力并产生人性化的互动。

也有的管理者，喜欢将幽默、有趣的字句，图片或漫画，贴在自己的办公室门上，使欲见管理者的员工，常常忍俊不禁，而以放松的心情与管理者沟通。

21世纪的管理，已非昔日"君君臣臣父父子子"的层层权威结构。员工们都喜欢与幽默、活泼的管理者共事，而不是成天屈服在霸道、专制的管理者手底下。

人性化的管理，是新时代的管理者需要努力学习的管理模式；而幽默正是其强有力的人际互动媒介。

第七章 至关重要——恰当运用修辞手法

管理者们在说话时，要善用修辞技巧，让自己的话丰满起来，但是，言辞"着色"也有一定分寸，失去分寸就会产生极大的消极作用。善言者通常能在讲话时，通过适宜的修辞来迎合听众的心理，鼓舞听众的情绪。

比喻的使用技巧

比喻，就是打比方，即以彼物比此物。具体说，即当人们在语言交际中要表达某一事物或道理时，运用联想或想象，引进另一种事物或道理，以便把要表达的事物或道理反映得更具体、更贴切、更生动、更富有感染力，使听者爱听，听得明白，从而留下深刻印象。

刘向的《说苑》中，有这样一个生动的故事。

有人对梁王说："惠子这个人说话善于打比喻。假如大王您不让他打比喻，那么，惠子就没法说话了。"

于是，梁王对惠子说："希望你今后说话时不要打比喻了。"

惠子回答说："假如有个人不知道'弹'为何物，您告诉他弹就是'弹'，他能明白吗？"

梁王说："当然不明白了。"

惠子说："我要把我知道的事物告诉不知道这事物的人们，您说不打比喻行吗？"

梁王说："看来不打比喻是不行的。"

这个故事中，本来梁王是不让惠子再打比喻，可是惠子又悄悄地打了一个比喻，说服了梁王。

比喻一般由本体、喻体和喻词三部分组成。本体是被比喻的事物；喻体是用来作比的事物或对象；喻词则是标明比喻关系的词语，如"好像""恰似""像……一样"等。

一次，有人问爱因斯坦什么是相对论。爱因斯坦解释说："你同你最亲爱的人坐在火炉边，一个钟头过去了，你觉得好像只过了五分钟；反过来，你一个人孤孤单单地坐在热气逼人的火炉边，只过了五分钟，但你却像坐了一个小时。这就是相对论。"

爱因斯坦用人们日常生活中的真切体验，来解释高深玄妙的相对论原理，让普通人也能够理解。

人们说话是为了描绘事物，或阐述道理，或表述情感等，要把这些东西表述得生动具体，使别人印象深刻，并不是一件容易的事。如果能运用贴切的比喻，就能化难为易。

庄子是我国战国时期著名的思想家。他一生都过着十分清贫的生活。一天，庄子家里一点粮食也没有，万般无奈，只好拎个袋子到朋友监河侯那里借点粮食。

监河侯正收拾行装要外出。庄子见到他，便说了借粮的事，监河侯满口答应："好说，好说，不过我正要进城收租金，等我回来，一定借给你三百金，好吗？"

庄子生气，脸上显出怒色。

庄子说："昨天我到你这儿来的时候，在路边听见求救的声音。我到处找，发现车轮印里有条鲫鱼在那儿。鲫鱼回答说：'我是东海的臣子，先生能不能给我一瓢水，救我一命啊？'我说：'好，我将往南去拜访吴越的君主，把西江水引到这儿来，你就能顺水游回东海了，你看这样好吗？'谁知那条鱼听了很生气地说：'我失去了常待着的水，只要一小瓢水就能活下去。你竟然这样说，先生只能到干鱼摊上找我了。'"

　　运用比喻说理，简洁明了，喻体非常广泛，俯拾皆是。只要与你说明的道理有内在性质的共同点，就可以信手拈来，达到目的。

象征的使用技巧

象征是比喻的延伸和扩大，它是借助于特定的具体事物，来寄寓某种精神品质或抽象道理的修辞手法。

一位在医学院里任职的教授，正在给刚入学的新生们讲第一堂课。

在暴风雨后的一个早晨，一个男人到海边散步。

沙滩上有许多被昨夜暴风雨卷上岸的小鱼，被困在浅水坑里，挣扎着，想要回到大海的怀抱。

走着走着，这个男人发现远方有一个瘦小的身影，不知疲倦地忙碌着。走近一看，原来是一个七八岁的小男孩，他正弯腰捡起水洼里的小鱼，然后再用力地扔回大海。小孩子一遍又一遍不停地重复着相同的动作。

男人问道："孩子，这海滩上有成千上万条小鱼，你一个人救不过来的。"

"我知道。"小男孩头也不抬地回答着，但并没有停止动作。

"既然知道，干吗还干傻事呢？"男人又问。

小男孩只是默默地捡起小鱼，再把它们扔回大海，并不回答。

男人忍不住又问了一句："你这么做，又有谁在乎？"

小男孩边扔边说："这条小鱼在乎！这条，还有这条……"

讲完这个故事，教授接着说："今天，你们在这里开始了大学的生活，从此，每一个人都将在这里学会如何去拯救生命。虽然你们救不了所有的病人，但是你们可以救一部分人，为他们减轻痛苦。

"因为你们的存在，有的人的生活从此有所不同——你们能使他们的生活变得更加美好，这是你们能够而且必须做到的。"

这位教授在开场白中，先是讲述一个富有哲理的小故事，然后借助这个小故事所喻示的精神品质，告诫他的学生作为一名医务工作者要具备起码的职业道德。

比拟的使用技巧

比拟，即根据一定的想象，把物当作人或把人当作物，或把此物当作彼物来表达的一种修辞技巧。

比拟能使人产生联想，以获得话语的形象感和生动感。比拟可分为拟人和拟物两种。

拟人又叫"人格比"，就是赋予大自然、动物、抽象事物等以人的言行或思想感情。拟物即把人当作物，或把此物比拟为彼物。

一位来自新加坡的老太太在游武夷山时，不小心被蒺藜划破了裙子，顿时游兴大减，中途欲返。女导游见状，微笑着走近老人身旁说："这是武夷山对您有情啊！它想牵住您，不让您离去，好请您多看它几眼。"

几句话，把老人的不快吹得无影无踪。武夷山的热情好客是机敏的女导游所赋予的，这里就用了拟人手法，而且表达得十分得体。

在一个欢迎日本青年代表团的宴会上，热情的中国朋友用著名的"人参母鸡汤"来款待客人。不想，这可为难了在场的翻译。原来，他没有记住日语"母鸡"这个词。只见他机灵地站起来，指着汤，笑着对客人介绍说："这是用公鸡的太太和人参做的汤，请诸位品尝。"

这里的"公鸡的太太"用的就是拟人手法，显示了翻译的机敏和幽默。

　　比拟作为施展口才的一种技巧，它基于联想，富于启发性，而且又常常能把静态拟成动态，化抽象为具体。因此，在说话中，恰当地运用它，会收到生动、具体的效果，而且还便于表达感情。

借代的使用技巧

"学好 ABC，到处都有用"，即把 ABC 看作外语的特征，借以代外语；"目不识丁"，借"丁"字代全部文字；"阡陌交通，鸡犬相闻"，借"鸡犬"代鸡犬之声，因鸡犬之声属鸡犬所有；"兵革既未息，儿童尽东征"，"兵革"代战争，因兵器皮甲是战争所凭借的物质条件。

上述数例中，借用与代表的词语之间，或以某种特征相关联，或以某一象征意义相关联，或具有某典型性的代表意义，或具有部分与全体的关系，或具有所属的凭借关系。这种不直接说出该人或该事物，而借与要说的人或事物有密切关系的其他事物来代替的修辞格叫作借代。

三国时期，马家有五兄弟。五兄弟中，以马良的才学最高，刘备派他去处理外交事务，他每次都不辱使命地载誉而归。

因此，当时就流传一句话："马氏五常，白眉最良。"原来，马良的长相有个特点，眉毛像雪一样白得闪光。这里不说"马良最良"，而是说"白眉最良"，用"白眉"这个长相特征来代指马良。

借代就是不直接说出该人或该事物，而借与要说的人或事物有密切关系的其他事物来代替所说的修辞技巧。借代的客观基础是事物的相关性，运用这种技巧能使语言具体形象，富于变化。

说话中，灵活运用借代这种技巧，会使说话人的话语更生动，更能收到良好的效果。因为这不但说到了某人或某物，而且还把与某人或某物有密切关联的东西也说出来或暗示出来了。所以，这样的话更能引导听众去联想，因而也就更能吸引听众。

对照的使用技巧

鲁迅在《战士和苍蝇》一文中，这样说过："有缺点的战士终竟是战士，完美的苍蝇也终竟不过是苍蝇。"这里鲁迅把"战士"和"苍蝇"拿来对照比较，尖锐地讽刺了那些诬蔑革命者的可耻奴才，坚决地支持了坚持革命的勇敢战士。

把两种不同事物或同一事物的两个不同方面放在一起相互比较，通过比较能使事物的性质、状态和特征等更加鲜明突出，并且鲜明地表现出说话人的立场和观点。这就是对照。

在生活中，我们将两种不同事物进行对比，通常是为了使好的显得更好，坏的显得更坏，大的显得更大，小的显得更小；将同一事物的两个不同方面进行对比，通常是为了把事物说得更透彻、更全面、更鲜明。

引用的使用技巧

　　引用这种修辞方法用途十分广泛，是指在语言交际中引用名言警句、俗语、典故等，来证明事物、阐述道理。运用这种修辞手法能增强说服力和感染力，使语言表达言之有据、生动形象。

　　引用可以接通古今中外的多种语言、多种智慧的精华，显示说话者知识的渊博。因为一个人的语言表达能力无论多么强，毕竟是有限的，引用就在于借助多种多样的表达能力，产生以少胜多、言简意赅、韵味无穷、寓意深刻的表达效果。

　　引用的方式有多种多样，常用的有暗引、正引、反引和撷引。

　　1．暗引

　　暗引即暗示、引用。"鲁迅有两句诗'横眉冷对千夫指，俯首甘为孺子牛'应该成为我们做人处事的座右铭。"在这句话中，引用鲁迅的两句诗作为激励、警诫自己的格言，简洁凝练，令人回味。

　　2．正引

　　正引即用其原意原句。如教师节的晚会上，一名女学生在回答教育的作用时说："在一个文盲的国家里，是不能建成社会主义的。（列宁语）一个受了不良教育的孩童，等于走失了方向。（肯尼迪语）知识才是引导人走到光明与真实境界的灯烛。（李大钊语）所以，教育是廉价的国防。（亚里士多德语）教育的根是苦的，但它的果是甜的。（约翰逊语）教育的根就是我的根。"这一段话引用了列宁、肯尼迪、李大钊、亚里士多德等著名历史人物的名言、警句,揭示了教育为本的深刻内涵,生动深刻,效果突出。

3. 反引

反引即反其意而用之。

4. 撷引

撷引是撷取原句中,部分的词语而用之。

运用引用技巧时,要力求精当,多少适宜;所引用的内容必须对阐述问题确有价值,其内容既具有权威性、说服力,又不是老生常谈。

运用引用要注意两点:一是保持引文的完整性,切忌断章取义;二是将引文与所要表达的意思融为一体,成为论说的有机组成部分,不能硬凑生拼,甚至"贴标签"。

排比的使用技巧

运用排比能使语意表达层次清晰、语势强劲、节奏鲜明、语意畅达。这种修辞手法一般是由三个或三个以上结构相同或相似、内容密切关联、语气一致的词组或语句排列而成，用以表达同一范围、同一性质的事物，以增强语势、增强节奏感和旋律美，加大语言的力度。

马丁·路德·金在美国华盛顿黑人的集会上，发表了一场精彩的演说，其中有这样几段话。

"一百年前，一位美国伟人签署了《解放宣言》。现在我们站在他纪念像投下的影子里，这重要的文献为千千万万在非正义烈焰中煎熬的黑奴点起了一座伟大的希望灯塔。这文献犹如结束囚室中漫漫长夜的一束欢乐的曙光。

"然而，一百年后的今天，我们却不得不面对黑人依然没有自由这一可悲的事实；一百年后的今天，黑人的生活依然悲惨地套着种族隔离和歧视的枷锁；一百年后的今天，在物质富裕的汪洋大海中，黑人依然生活在贫乏的孤岛之上；一百年后的今天，黑人依然在美国社会的阴暗角落里艰难挣扎，在自己的国土上受到放逐。所以，我们今天到这里来，揭露这骇人听闻的事实。

"……

"这就是我们的希望。这就是我们带回南方的信念。怀着这个信念，我们能够把绝望的大山凿成希望的磐石。怀着这个信念，我们能够将我国种族不和的喧嚣变为一曲友爱的乐章；怀着这个信念，我们能够一同工作，一同祈祷，一同奋斗，一同入狱，一同为争取自由而斗争，因为我们知道我们终将得到自由。"

在马丁·路德·金这几段演讲词中，第二段以"一百年后的今天"领起排比句，从黑人没有自由，受着种族隔离和歧视，过着贫乏的生活乃至受虐待遭驱逐的政治、经济、人生、法律待遇等方面，集中地揭露了黑人悲惨严酷的生活现状，给人以心灵的震颤；最后一段以"怀着这个信念"领起的排比句，表述了所要进行的不懈努力、斗争原则和奋斗目标。

文中排比句式的运用，如江河奔腾，气势磅礴，既淋漓尽致地表达了演讲者的思想和感情，又产生了激动人心的修辞效果。

双关的使用技巧

　　双关就是有意识地使用同一个词或同一句话，在同一个言语环境中兼有两重意思：表面上是说这件事，实际上是指另一件事。一语双关，能使话语含蓄、幽默，饶有风趣，还能加深语意，引人思考，给人以深刻的印象。我们从下面这一组故事中，体会一下双关语运用的技巧。

　　有个人十分贪杯，常常喝得酩酊大醉。朋友们都很痛心，一再劝他不要滥饮，无奈他就是听不进去。大家商量来商量去，决定设一条妙计，吓唬他一下。

　　一天，当他大醉大吐之后，朋友们弄来一块猪肝，沾些污物，给他看过后，说："人有五脏才能活命，现在你喝酒无度，吐出一脏，只有四脏了，生命已经十分危险，今后不要再喝了。"

　　哪知这人醉了心不糊涂，他故意撒酒疯："唐三藏都能上西天取经，何况我还有四脏呢？"

　　酒鬼运用谐音，把"藏"与"脏"牵扯到一起，令朋友们无可奈何，也显示了这个酒鬼的机智。

　　有个女婿，能言善辩。一次，他同媳妇一起到老丈人家去串门。丈人是个吝啬鬼，在午餐席上，只摆盘生柿子和几样蔬菜。

　　女婿伸手拿过生柿子，连皮一块吃。媳妇在屋里看见了，连连说："苦！"女婿一边吃，一边回答说："苦倒不苦，只有些涩。"

　　苦涩的"涩"与吝啬的"啬"同音，女婿借此讥讽老丈人的吝啬。

他吃柿子连皮一块吞，引他媳妇发问，以讥讽他的丈人。

纪晓岚与和珅同朝为官。纪晓岚任侍郎，和珅任尚书。

有一次，两人同饮，和珅指着一条狗问："是狼是狗？"

纪晓岚非常机敏，立即意识到和珅是在转弯抹角地骂自己"侍郎是狗"，他决定给予还击。纪晓岚泰然自若地回答道："上竖是狗，垂尾是狼。"

这"是狼"与"侍郎"谐音，"上竖"与"尚书"谐音。和珅用谐音攻击纪晓岚，自以为稳操胜券，聪明卓绝；没想到纪晓岚用同样的技巧以其人之道，还治其人之身，使狡猾的和珅没有占到丝毫便宜。

三个朋友到一家小酒店喝酒，店里只剩下一个空位子。三个人各不相让，争吵不休，最后商定：谁吹的牛大，谁就坐这个位子。

三个人中有一个是瞎子，他抢先说："我目中无人，该我坐这个位置。"

另一个是矮子，他说："且慢，我不比常（长）人，应该由我来坐。"

第三个人是驼背，他不慌不忙地说："你们都别争了，其实，你们都是直（侄）背（辈）的，这个位子，理所当然应由我来坐。"

三个人，皆用谐音技巧，真是各有千秋，难分上下。

说话时运用双关，能使用的每一个词或每一句话都有其特定的含义。有时这种含义却并不表现在这个词或这句话的字面意义上，而隐含在这个词或这句话的背后。而说话的人要表达的意思则恰好隐含在这个词或句子背后。并且在特殊情况下，不愿明言指责，运用谐音法也能达到委婉批评的效果。

反问的使用技巧

有时候我们可以使用反问，以此来摆脱不利的谈话环境。

据传，美苏关于限制战略武器的四个协定刚签署，基辛格就在莫斯科一家旅馆里，向随行的美国记者团介绍这方面会谈的情况了。当时已是 5 月 27 日凌晨 1 点，他竟毫无倦意。

"苏联生产导弹的速度每年大约 250 枚，"基辛格微笑着说，"先生们，如果在这里把我当间谍抓起来，我们知道该怪谁啊。"

敏捷的记者们于是接过话头，探问美国的秘密。

"我们的情况呢？我们有多少潜艇导弹在配置分导弹头？有多少'民兵'导弹在配置分导式多弹头？"一个记者问道。

基辛格耸耸肩："我不确切知道正在配置分导式多弹头的'民兵'导弹有多少，至于潜艇，我的苦处是，数目我是知道的，但我不知道是不是保密的。"

记者说："不是保密的。"

基辛格反问道："不是保密的吗？那你说是多少呢？"

记者傻了，只好"嘿嘿"一笑。

反问是用疑问的形式表达确定的内容的修辞方式。反问寓答案于问句之中，思想内容恰与句子的表面意思相反：语句表面意思是肯定的，内容则是否定的，反之亦然。运用反问能够加强语势，把原来确定的意思表达得更加鲜明且不容置辩，所以，容易集中听众的注意力，给人造成强烈的印象，容易唤起人们的想象和激情，比正面表达更能产生力量。

一位名人说："如欲说服人，最好的方法就是举出例证反其问之，它远比正面辩驳要有更大的说服力。"

有一次，拿破仑对他的秘书说："布里昂，你知道吗？你也将永垂不朽了。"

布里昂开始不解拿破仑的意思，拿破仑解释说："你不是我的秘书吗？"

布里昂明白后，笑了笑说："请问，亚历山大的秘书是谁？"

拿破仑答不上来，赞扬道："问得好！"

问得好，好在哪？

按拿破仑的意思，永垂不朽者的秘书，也是永垂不朽的，这是大前提。而你是我拿破仑的秘书，这是小前提。

结论："你也将永垂不朽。"

布里昂明白拿破仑的意思，虽并不寄希望于依靠名人扬名，但仍不忘作为秘书对主帅的尊重，所以采用表面请教、实则反问的方式："请问，亚历山大的秘书是谁？"证明了大前提的不可靠性，使拿破仑的结论不攻自破。

第八章　迎来送往——公关社交怎么说

公共关系在现代社会生活中，发挥着独特的功能，并渗透到社会生活的各个方面。作为管理者，该如何处理好公共关系，是我们要面临的一个重要问题。

根据公关对象的多样性，公关工作要针对不同对象有所侧重。对现存的要全力以赴搞好关系，以取得他们的信任和支持；对潜在公众要进行分阶段疏导，为日后竞争中赢得主动做好准备；对未来人群要进行适时预测，做好宣传工作和服务的准备。

快速变"生"为"故"

在公共关系活动中，必须与陌生人打交道。与陌生人对话，刚开始由于双方素不相识，没有了解的基础。如果不注意谈话技巧的一些基本要求，陌生人之间是很难交流起来的。我们想要把陌生者变成老朋友，必须在缩短距离上下功夫，力求在短时间里了解得多些，在感情上融洽起来。常言说"一见如故"，陌生人要谈得投机，就要在"故"字上做文章，变"生"为"故"。

1. 洞幽烛微

与陌生人交谈前，要采取多种方式，尽可能地多了解对方；再把所获的种种细微信息加以分析，由小见大，见微知著，以此作为交谈的基础。

如果你将会见一位陌生者，你应该预先探听一下对方的有关情况。如关于他的职业、兴趣、性格、过去的历史等，知道得越详细越好。当你走进那位陌生者的住所时，你要仔细观察，看看能不能找到一些线索使你对于他的了解更多一点。

如有人拜访一陌生人时，见他玻璃板下压有"制怒"二字，便猜测他有克服易怒的要求，便与他谈了一些古今名人制怒而成大事的实例，双方感情上的距离一下子缩短了，颇有"相见恨晚"之感。

2. 适时切入

与陌生人交谈时，要看准情势，不放过任何说话的机会，适时插入交谈。适时的"自我表现"，能让对方充分了解自己，寻找彼此的共同点，引发谈话兴趣。据说日本有位众议院议员，有次去中东私人旅行，他遇到了当时人称"不好惹"的埃及总统纳赛尔。作为陌生人，这位日本议员是这样开始交谈的（谈话重点）："蒙您百忙中接见，衷心感谢。尼罗河和纳赛尔这两个名字在日本是妇孺皆知的。我与其称您为纳赛尔总统，倒不如称您为上校，因为我和您一样，都和英国作过战，而且都是上校军衔。英国人称您是'尼罗河的希特勒'，他们说我是'马来西亚之恶虎'。我读过阁下所写的《革命的哲学》，充满了幽默感，让人爱不释手，而希特勒的《我的奋斗》仅仅是鼓噪实力至上而已，不可同日而语。"

这位议员的话，句句打动了纳赛尔，在纳赛尔的内心引起了共鸣。纳赛尔笑着说："嗯，我所写的《革命的哲学》，那是革命后三个月匆匆写成的。你说得对，我除了实力之外，还注重人情。"

议员接上话茬又说："对啊，我们做军人的，除了实力之外，还需要人情。我在马来西亚作战时，整个战争时期，一把短刀从不离身，目的不在杀人，而是自我防卫，但我现在已不需要了。阿拉伯人为了独立而战，也是为了防卫，正如我身边的短刀。"

纳赛尔大喜，说："阁下说得很好，欢迎你以后每年来一次开罗。"

交谈至此，愉快、融洽的气氛已经形成。这个议员的成功，就在于看准情势，适时切入，善于找到彼此的共同话题。

3. 借用媒介

寻找自己与陌生人之间的媒介物，以此找出共同语言，缩短双方距离，也是行之有效的办法。如见一位陌生人手里拿着一本厚书，可问："这是什么书？这么厚！您一定十分用功！"对别人的一切显出浓厚兴趣，通过媒介物引发他表露自我，交谈便会顺利进行。

如果遇到那种比你更害羞的陌生人，你更要跟他先谈些无关紧要的事。如天气之类，让他心情放松，以激起他谈话的兴趣。

社交七规则

作为管理者，你能拥有一个好口才，你就能在各种社交场合如鱼得水，从容自若地与各色人等巧妙周旋，为自己赢得商业伙伴的青睐……总之，会说话的人能在任何场合抓住听众，让自己的语言深入听众的心灵。

一般说来，社交语言的内容，可从如下几个方面去考虑。

1. 以社会热门话题开始

我们在交际应酬的时候，语言的内容非常广泛，说不上有什么固定的话题，更无所谓话题的好坏。

关键在于根据对方的情况，因时、因地制宜，恰当选择，灵活运用，使之真正起到加深了解、加强合作的作用。

一般说来，我们可以选择社会上人们比较熟悉的热门话题开始自己的交谈。如时令、气候、环境以及时事、新闻，是人们比较了解的客观情况。由此引出话题自然贴切，还可以从中发现对方的一些独特见解，引起对方的交谈兴趣。

2. 从对方的性格、爱好入手

人们的性格、爱好、烦恼、隐私等与感情的喜怒哀乐有着紧密的联系。它牵扯着一个人人脑中的许多兴奋点，从这些方面入手寻找寒暄的话题，常常能步入对方的心灵，引起对方感情上的共鸣。

3. 选择对方的职业和发展方向

这是最易触动对方那根敏感神经的话题。人人都关心自己的前途，对自己的未来有无数的遐想，你能与他"谈"在一起，你便是他的"同盟"。

4. 用疑问表达关切与问候

根据对方的情况和客观环境特点进行嘘寒问暖，表达关切与问候。如"近来身体好吗？""年底工作挺忙吧？""孩子们听话吗？""生意怎么样？"这些问话需要先有某种程度的了解，并带有一定的针对性。

5. 用肯定的语气表示夸赞

根据对方的所见所闻，针对对方的某些长处和成绩予以诚心诚意的夸赞，来满足对方作为普通人所期望得到的肯定与承认的心理需求，引发"认同感"。比如："老张，你创造的那种新工艺，应该得到发明奖。它不仅能缩短工时，还能提高产品质量，非常不错。"肯定式的陈述比那种感叹更客观、更具体，容易深入人心。

6. 通过反问满足对方的优越感

你能恰到好处地表示出自己"不知道"，便能激发对方的表现欲，满足对方的优越感。例如"是吗？我怎么不知道呢？"当你这样说话时，对方会很得意地把他们所知道的全都告诉你，同时补充他们自己的看法。

7. 规避"空档"

谈话人在说到兴头上时，会留下许多空档，你若能及时而准确地说出对方想要说的内容，你就能同他们的思想感情融为一体。因此，细心地倾听对方说话，积极地配合对方的思路进行思考，这是非常重要的。

让你的谈吐悦耳

　　你和对方的谈话已经开始，那么在言语交换中，最好分出一部分精神来，留心你的声音，时不时地问一问自己："我说话是不是太快了？"说话的目的在于使人听明白，如果不是赶时间或者情况特殊，我们要尽量放慢语速。话说得太快，别人听不清楚，听不懂，还没在脑子里把你的话想明白，那你就是白费口舌。

　　再问一句："我说话的声音是不是太响了？"试想在宁静的黄昏，树下谈心，或在温暖的炉边，围炉叙旧，高声谈话是如何煞风景啊？在客厅里，过高的声音会使主人嫌弃；若在公共地方，更会令你的同伴感到难堪。在你说话时，要记着，对方并不是聋子。

　　除了不能太快和太响，谈话中每句话的声调还应有高有低、有快有慢。抑扬顿挫，这是获得听众的唯一秘诀。在乐曲里，有极快、快、略快、慢、略慢、最慢等快慢符号，也有极强、强、渐弱、弱、极弱等强弱符号。若想使你的话如同音乐一般动听，不要忘记应快时要快，应高时要高，应慢时要慢，应低沉时要低沉。毫无抑扬顿挫地说话，是最易使听者疲倦的。

　　因此，说话不妨常常留心那些使人听了会忘记疲倦的说话方法，也不妨常常留心那些舞台上的名角念词的方法，这是最好的参考，我们必须细细揣摩。

如何对话名人

与名人说话时，不要有害羞或畏怯的心理，只要你所表现的是你内心真正的意念，你就能与任何名流交谈。

实际上，名人也是人，有喜怒哀乐、有七情六欲。他们不是神，而是有血有肉的人。你如果保持这种良好的心理状态，就不会在见到名流时只能一味地说些奉承话及空洞话，你也能把内心的想法说给他们听，使你们的对话达到最佳状态。

1. 谈话前要有充分的准备

同名人谈话不能只靠临场发挥，要事先做好充分准备，这样的交谈才会游刃有余。

2. 从名人感兴趣的话题入手

名人同普通人一样，对感兴趣的话题喜欢津津乐道，不感兴趣的话题则不想深谈。特别是有些名人，同人说话规定了时间，而要打破这种限制，尽量多地表达信息，必须从名人感兴趣的话题入手。话剧《陈毅市长》，描写的是陈毅同志有次夜访化学家齐仰之。齐曾有"闲谈不超过三分钟"的规定，陈毅就从他感兴趣的话题入手。下面是他们的对话：

陈：我以为齐先生虽是海内闻名的化学家，可是对有一门化学，齐先生也许一窍不通！

齐：什么？我齐仰之研究化学四十余年，虽然生性驽钝，建树不多，但举凡是化学，不才总还略有所知。

陈：不，齐先生对这门化学确实无知。

齐：那我倒要请教，敢问是哪门？化学？是否无机化学？

陈：不是！

齐：有机化学？

陈：非也！

齐：医药化学？

陈：亦不是！

齐：生物化学？

陈：更不是！

齐：这就怪了，那我的无知究竟何在？

陈：齐先生想知道？

齐：极盼赐教！

陈：哎呀呀，三分钟已到，改日再来奉告！

齐：话没说完，怎么好走？

陈：闲谈不得超过三分钟吗！

齐：这……可以延长片刻。

陈：说来话长，片刻之间，难以尽意，还是改日再来，改日再来！

齐：不不不，那就请陈市长尽心尽意言之，不受三分钟之限！

陈：要不得，要不得，齐先生是从不破例的。

齐：今日可以破此一例！

陈：可以破此一例？

齐：学者以无知为最大耻辱，我一定要问个明白。

　　陈毅抓住了齐仰之最感兴趣的化学问题，及"学者以不知为最大耻辱"的心理特点使谈话顺利进行。接着陈毅指出齐仰之不懂得共产党人的化学，即不懂得改造社会，以科学为社会服务，并使齐仰之欣然接受筹建全国第一个盘尼西林药厂的任务。

处理棘手的采访

作为管理者，在宣传自己的企业时，可能会选择接受媒体采访这一举措。在采访的过程中，采访者通常会提出一些可能会给你带来麻烦的问题。下面我们将讨论一下如何应对这些问题。

1. 当对方提出一些别有用心的问题的时候

问题："他的指控，对你的机构造成了多大的伤害？"

答案："非常抱歉，我并不同意你的说法。事实上……"

建议：不要接受对方问题的前提条件，你可以忽视它。或者你也可以礼貌而坚定地反驳对方问题的前提条件，并说出你想要传达的信息。

2. 当对方提出一些诱导性问题的时候

问题："你是否觉得这家公司过于贪婪了？"

答案："我不这么认为。他们是一家非常有竞争力的企业……"

建议：不要重复对方的诱导性词语（比如说"贪婪"），你甚至能予以否认。在不重复诱导性词语的情况下进行反驳。

3. 当对方要求你发表个人观点的时候

问题："你个人怎么看这件事？"

答案："我觉得问题不在于我的个人观点。问题是……"

4. 当对方要求你代表其他人发言的时候

问题："你觉得市政府会做出怎样的决定？"

答案："这个我目前无法进行预判，但我相信会做出合理的决定。"

建议：不要回避问题。只代表你的组织发言。

5. 当对方提出一个你不知道答案的问题的时候

问题："请问您这次的投资金额是多少呢？"

答案："具体数字我现在还不能确定。不过我可以帮你查一下。"

建议：告诉对方你不知道，并主动提出帮对方进行查询。永远不要撒谎、不要猜测。

6. 当对方提出一个你知道的答案，但却不能说的问题的时候

问题："你们的报价金额是多少？"

答案："这个我不能说，因为这属于机密信息，而且事情目前尚无定论，我不适合就此事发表评论。这个问题目前还在讨论、评估、协商。"

建议：告诉对方你为什么不能给出答案。

7. 当对方给你两种选择的时候

问题："你们是要增加资助金额呢，还是要维持现状？"

答案："都不是。我们的目标是提供高质量的服务。"

建议：忽视对方提出的两种选择方案，或者直截了当地说出你的观点。

8. 当对方提出一个情感上带有偏向性或者是带有敌意的问题时

问题："你们难道不是在扼杀客户吗？"

答案："当然不是。如果你问我他们是否要多拿出一些钱，那很不幸，答案是肯定的。"

建议：在回答对方问题的时候，不要带有敌意或者是任何感情色彩。要立即干脆地否定对方的说法，或者用不带感情色彩的说法来重复对方刚才说过的话。

9. 当对方提出一个带有敌意但却包含一些实情的问题的时候

问题："为什么你们没能赶上最后期限,导致破坏了你们的信誉呢?"

答案："的确,我们没能赶上最后期限;但我们已经跟对方协商了一个新的发货日期。"

建议:用你自己的语言重复对方刚才的话。

10. 当对方在某个问题上一再纠缠的时候

问题:"……那么你为什么不愿意公开这项战略呢?"

答案:"正像我说过的那样,这项战略已经准备启动,我们会在适当的时候对外界公布,所以我们此刻再讨论这个问题是毫无意义的。"

11. 如果采访者明显表示不愿意放弃

答:"我想我们刚才已经谈到了这件事情……"

或答:"重复这个问题并没有太大意义。我想在这个问题上,该说的我都已经说了。"

建议:礼貌而坚定地告诉对方你并不准备屈服。重复你的信息,让采访者来解决这个问题。如果是现场直播,采访者显然会考虑自己的形象——他并不想让受众感觉他是在对你进行骚扰。如果是录播,该记者很可能会坚持提问,直到他得到了自己想要的回答。

12. 当对方提出一些开放或模糊性问题的时候

问题:"跟我们谈谈你的组织吧?"

答案:"请问你对哪一具体的方面感兴趣?"

建议:如果你没有真正理解问题的话,请对方具体说明,或者你也可以利用对方的提问来传达一些有利于你的信息。

13. 当对方谈到某些谣言的时候

问题:"据说其他团体也想申请证书。"

答案:"回应谣言显然是不适当的。只有当问题真正出现的时候,我们才需要去解决它。"

或答案："到目前为止，我并没有找到证据来支持这个谣言。"

14. 当对方提出一些假设性问题的时候

问题："如果双方不能达成一致，你们会怎么办？"

答案："我希望不会出现这种如果……"不要假设。表明对方提出的问题只是个假设。

15. 当对方提出一个由很多部分组成的问题的时候

问题："这些变革将会产生怎样的影响……你是否能够同时继续……或者说，你是否将不得不……？"

答案：告诉对方你很清楚他的问题，"你刚刚提出了一系列问题……"然后选出那个你想要回答的问题："我们首先谈谈你的第一个问题。这些变革将会使我们企业更加高效地……"

建议：你不一定要回答对方的所有问题。

16. 当对方要求你向其他人提出建议或推荐时

问题："关于这件事情，你会向主管人员提供怎样的建议？"

答案："主管人员会听取来自许多方面的建议，如果想知道我的想法，他们会通过适当的方式来接洽我的。"或"其实主管人员已经向各个部门征集过相关的建议和想法，在后期的实行中，如有相关问题，大家肯定会一起商量解决的。"

建议：不要当众提出建议或进行任何推荐，除非你希望给对方施加公众压力。

17. 当对方对你表示同情的时候

问题："我想同时应对这么多问题一定很辛苦吧？"

答案："哦，我觉得这并不是主要问题。要知道，我们都只是各尽其职而已，这是我们应该做的。"

建议：不要因受对方引导而盲目同意对方的观点。

18. 当对方提出一个二选一的问题的时候

问题："你有没有做这件事情？"

答案："是的，我做了，（或者是"不，我没做。"）让我解释一下我为什么……"

建议：不要逃避问题，那样会让他们感觉你有些不安。

19. 当对方是在进行单方面提问的时候（当受众已经很明显地看出了这一点之后）

答案："你这个问题背后的假设很有趣"，或"显然，你对这件事情有着自己的看法"。

建议：这是在告诉提问者以及受众，你已经意识到了对方的用意。注意语调，一定不要让对方感觉你充满防御心理。

20. 当对方采用一种玩世不恭或倾斜的口气进行提问的时候

问题："好了，你不是真的那么认真吧？"

答案："呵呵，怎么能不认真呢？虽然谈话气氛轻松，但也要能给大家带去真正有用的东西才行啊。为什么会这样问我呢？难道你不是认真的吗？"

建议：不要让人感觉你是在咄咄逼人或充满防御心理。

21. 当对方"淡化"当前正在谈论的话题的时候

答案："如果你愿意，你能淡化这件事情（停顿）……但很多人都不会同意你的这种方法……"或答"其实我不知道这件事情有什么好笑的，但我认为……"

建议：语调要保持友好、理性，不要让他们感觉你充满了防御心理。

22. 当对方在陈述观点，而非提出问题的时候

答案："在发表完这段评论之后，你有什么具体的问题吗？"

23. 当对方打断你的时候

当你第一次被打断的时候，不要介意，等着对方讲完，然后你再继续讲。

答案："我想继续说完刚才的话题，因为这非常重要……"

建议：你越早告诉对方你不会轻易被打断，对方在接下来的谈话中打断你的可能性就越小。不要去跟打断你的人抢着说话。

24. 当对方提出一个无关问题的时候

问题："你怎么看待自己的破产？"

答案："那可是一段痛苦的经历，我们可以抽时间另谈——况且那跟我们现在讨论的话题并没有什么关系……"或"是的,怎么啦？"（微笑）

建议：迫使对方调整话题。

25. 当对方提出的问题有些跑题的时候

答案："我想我们有些跑题了，还是让我们接着谈谈刚才的话题吧……"

26. 当对方向你进行机关枪式的提问的时候（在这种情况下，对方会一连串地提出很多关于各个方面的问题）

答案："我们好像谈论得太多了（暂停）……让我首先集中谈论一下你刚才讲过的一个方面吧。"

27. 当对方保持沉默的时候

（在你已经给了答案之后）

你也保持沉默。

如果是在进行电视采访，你可以轻轻地点点头，看着采访者，做出一副期待的表情。

28. 当对方给出错误信息的时候

答案："我想首先纠正一下你刚才说的事情……"

29. 当对方在"鸡蛋里挑骨头"的时候

答案："其实咱们倒不用过于在这个问题上纠结……"

建议：确保该问题并不会引起严重后果或者并非那么重要。

30. 当对方提出一些不客气的问题的时候

问题："你是一个残忍的家伙吗？"

答案："哦？是说对我自己吗？（微笑）"，或答"不，但你为什么会问这个问题呢？"

建议：你的回答一定要简短。不要让人感觉你受到了冒犯。

31. 当对方提出一些恶意或粗鲁的问题的时候

问题："这难道不是再次证明你是在向公众撒谎吗？"

答案："事实上，这个问题恰恰说明的是你，而不是我，可能会出问题。"或答"我非常尊重你，可我不尊重这个问题。"

32. 当对方是在进行"钓鱼式"提问的时候（这些问题似乎并没有明确的目的性）

答案："不好意思，我想问一下您提这些问题具体是想问些什么呢？"

33. 当对方提出"你能向我们保证……"的时候

答案："我不能那样保证一定如何，但我能保证我会尽力而为……"

34. 当对方突然采访你的时候

答案："不好意思，我马上要参加一个重要会议，不能回答这个问题。如果大家感兴趣，明天我将举行招待会，回答大家提出的任何问题。"或者说"对不起诸位，由于我有重要的事情需要办理，很抱歉今天就先不回答你们的提问了。"

第九章　急中生智——巧妙应对突发情况

管理者在面对突发事件时，一定要记住：
冷静、冷静、再冷静。只有保持头脑的清醒，
才能使思路不受外界干扰，及时想出应对之策。
同时要相信自己的能力，给自己以信心。

随机应变，避免尴尬

在社交场合中，我们总会碰到一些意想不到的事情，或是自己失言失态；或是对方反应不如预料的好；或是周围环境出现了没有考虑到的因素等。这些猝不及防的情况，通常会令人啼笑皆非，狼狈不堪，进退维谷，陷入窘境。当谈话陷入尴尬，如何解脱？这时就需要随机应变。在生活中也有很多这样的例子。

已经是某连锁公司的大老板李总，有一次在社交场所听到别人讽刺他受教育太低，是暴发户，讥笑他小时候的穷困潦倒模样时，李总不但没有生气，反而坦然地开玩笑说："没错，我出身穷苦的家庭。我小的时候，别的小孩做模型飞机，而我是在做模型馒头。我们从来不穷，也没有挨过饿，只是有时会把吃饭时间无限延后罢了。"

遇到这种情况的时候，千万不能保持沉默，否则就等于你默认了别人的讥讽，这将不利于在人际交往中占先机。如果这些行为是亲友、同事的玩笑话，那你不妨以同样诙谐的话予以"反击"；切记不能用气愤和尖刻的话来反击，那有失风度。

对这些善意的挖苦，通常用幽默的自嘲可以使你从困境中摆脱出来，以泰然自若的神情面对别人，不仅不会使你受损，还会平添许多风采。表面上看是自嘲，其实是包含着自嘲者强烈的自尊、自爱的积极交际手段，也会增加你的交际魅力。

如果是与你有怨，故意让你出丑的别有用心的人，你一定不能"嘴软"，要迎头予以还击。

据传，有一次萧伯纳正坐着沉思，他身边的一位美国金融家说："萧伯纳先生，告诉我你正在思考什么，我将付你一美元。"萧伯纳看了他一眼说："我的思考不值一美元。"接着他的话锋一转，说："我思考的正是你。"

金融家本想戏弄萧伯纳，却没想到会自讨没趣。

对别人恶意的讥讽、反讽要针锋相对，不留情面，使之气焰顿消，无法再自鸣得意。如果在各路商界名流汇聚的晚宴前，有一位把你从头到脚打量一遍后，然后装腔作势地嚷道："哎呀呀，你就是××集团的王总？真认不出。"你不妨立即驳斥："站在山的脚边，自然看不到山。"

在交际场合，人身攻击之类的不愉快事件是难免的，尤其管理者们身处商场第一线，有意无意中多少也得罪一些人。遇到对方的讥讽和轻视，如果你不想哑巴吃黄连，那么，用回讽作为你的应变策略是必要的。

因此随机应变的口才就显得尤为重要。作为一名站在商海浪尖的管理者，一定要具备随机应变的交际能力。要达到这一点，必须具备极敏捷的思维，这应得益于长期有意识的训练、学习和模仿。应急的语言技巧很多，主要有：

1. 转移话题，摆脱窘境

在社交中，有时会遇到自己不想公开或不能公开，而别人又偏偏要打听的事；或是自己偶然触及对方的伤痛、忌讳及隐私，出现了尴尬的局面。这时，以场景为媒介，迅速转移话题便是一种普遍有效的应急措施。

2. 不动声色，应对尴尬

尴尬局面的出现，通常是刹那间的事情。如果缺乏镇静，大惊失色,那么只能是手足无措,乱上添乱。如果能在心理上保持平衡与稳定,镇静自若地面对出现的问题,才有可能巧妙机智地应对尴尬。

3. 急中生智,自圆其说

话语脱口而出,一有疏漏,就需在瞬息之间,发挥随机应变能力,以适应变化的情境和话题,修正自己谈话的内容,对话语进行快速而严密的变换、调整。

4. 运用幽默,巧解矛盾

在人际交往中,当矛盾发生时,幽默的语言在某些情形下会产生一种神奇的效果,能缓解尴尬的气氛,也能使一个窘迫难堪的场面在笑语中消失。

如何"打圆场"

做人受欢迎其实就是深谙人际交往中的方圆之术。在需要"圆"的时候圆融一些，便能在复杂的人际关系中，取得顺畅生活的通行证。这种做人的技巧就是善于圆场，它的功能可用十六个字来概括：调解纠纷、化解矛盾、避免尴尬、打破僵局。

从主动的角度说，是别人露丑了主动打打圆场；他人陷入窘境，主动解围，去给他们找个台阶让他们下得了台。

从被动的方面讲，自己造成失误时，要善于补救，自圆其说。不幸落入社交僵局，通权达变，打破冷场坚冰。与他人很有可能产生不快时，更少不了和和"稀泥"，让对方少丢些面子，保持体面，从而把事情摆平，甚至变坏事为好事。

为人处世想要功德圆满，有一个良好的人脉资源，少了圆场术的说话技巧支持，很可能会是个"豆腐渣工程"，是只能说说而不能达到的幻觉，顶多像肥皂泡一样"一圆即灭"。

在社交活动中，能适时地提供一个恰当的台阶，使人免丢面了，是圆场的一大原则。然而，台阶怎么个给法，圆场应该怎么打，并不是所有的朋友都很清楚。下面对怎样圆场做个简单总结。

1. 怎样替自己打圆场

一旦因自己失误而造成不好下台，最聪明的办法是，多些调侃，少些掩饰；多些自嘲，少些自以为是。为自己打圆场最主要的是不刻意回避掩饰。如果是细枝末节的问题，不妨用转移目标或话题的办法，岔开别人的注意力。

如果别人已有所觉察而问题并不严重，就稍作解释。如果性质较严重而且引起了别人的不快甚至反感，就要立即诚恳地致歉，然后较为郑重地做些解释。要当场予以解决，拖得越久，后果越不好。

2. 怎样为别人打圆场

有时双方处于尴尬的境地时，第三者若是巧妙地为双方打个圆场，能让凝滞的气氛变得轻松活泼。

据传，戈尔巴乔夫携夫人赖莎访问美国时，在赴白宫出席里根送别宴会的途中，他在闹市突然下车和行人握手问好。苏联安保人员急忙冲下车，围上前去，喝令站在戈尔巴乔夫身边的美国人把手从口袋里抽出来。他怕行人口袋里有武器，行人一时不知所措。

这时，身后的赖莎十分机智，立即出来打圆场，她向周围的美国人解释说，安保人员的意思是要人们把手伸出来，跟他丈夫握手。顿时，气氛变得热烈了，人们亲切地同戈尔巴乔夫握手致意。而赖莎的妙打圆场缓解了当时尴尬的场面。

3. 劝架的原则

没有矛盾与纠纷，人际交往中就没什么可圆场；少了尴尬和僵局，也无须讲什么调解和说和。反之，只要有这些事，就免不了劳驾和事佬们来大显身手。事实上，只要圆场有术，世上没有劝不开的架，也没有解不开的死疙瘩。

那么在劝架时，怎样做才有效呢？有三条原则要遵循。

原则一：不盲目劝架。讲不到点子上，非但无效，还会引起当事人的反感。要从正面、侧面尽可能详尽地把情况摸清，力求把劝架的话说到当事人的心坎上。

原则二：要分清主次。吵架双方有主次之分，劝架不能平均使用力量，对措辞激烈、吵得过分的一方要重点做工作，这样才比较容易平息纠纷。

原则三：要客观公正。劝架要分清是非，不能无原则地"和稀泥"。不分是非各打五十大板，笼统地对双方都作批评，这不能使人心服。有些纠纷由于原因复杂，或者由来已久，因而调解人要具体情况具体分析，辩证地阐明事理，使双方产生认同感，达成共识，从而解决纠纷。

4. "和稀泥"的技巧

一般来说，不能"和稀泥"，但对无关大是大非的小争执，作为旁观者，就应该"和稀泥"。

"和稀泥"有三种技巧。

技巧一：支离拆分。如果双方火气正旺，大有剑拔弩张、一触即发之势，这时，第三者即可当机立断。借口有什么急事，把其中一人支开，让他们脱离接触。等他们消了火气，头脑冷静下来，争端也就趋于平息了。

技巧二：善用虚荣心，以恭维圆场。对当事人十分懊恼或不快时，只要旁人说几句得体的美言，便雾开云散了。

一次，解缙陪朱元璋在金水河钓鱼，整整一个上午，一无所获。朱元璋十分懊丧，便命解缙写诗记之。没钓到鱼已是够扫兴了，这诗怎么写？解缙不愧为才子，稍加思索，立刻信口念道："数尺纶丝入水中，金钩抛去永无踪。凡鱼不敢朝天子，万岁君王只钓龙。"朱元璋一听，龙颜大悦。

宋文帝在天泉池钓鱼，垂钓半天没有任何收获，心中不免惆怅。景文见状便说："这实在是因为钓鱼人太清廉了，所以钓不着贪图诱饵的鱼。"

技巧三：以情制胜。第三者可以拿双方过去的情分来打动他们，使他们主动"退却"。或者以自己与他们每个人之间的情谊作筹码，说："你们都是我的好朋友，你们闹僵了，让我也很难过，就看在我的面子上，握手言和吧。"一般说来，双方都会领第三者这个面子的，顺梯就下了。

圆场之"圆"没有一成不变的技术，圆场之"场"也无特定无疑的情形。圆场需要有心人，更需要适应性强的有心人。

咄咄逼人，巧化解

咄咄逼人的谈话，一般是有备而来，对方的话锋一般是指向我们的要害部位，并实行"重点攻击"，会令我们在开始就处于被动位置。

身为管理者不能退缩，而对付的办法有多种，根据情况的不同，要加以选择。

1. 后发制人

这是使自己能站稳脚跟的最有效办法。俗语说："以静制动""反守为攻"。每个人也许都有这种经验：先把拳头缩回来，到一定程度，看准了对方，再猛烈地打过去，既打得准，又打得狠。

后发制人一般在以下两种情况下最为有效。

首先，当对方到了已经不能自圆其说的时候。咄咄逼人者，其时开始锋芒毕露，也许你根本找不到他们的破绽。但是，你要抱着这么一种观念，他总有不攻自破的地方，总是有软弱的地方，只是你还没发现而已。等待时机，一旦对方的锋芒收敛，想做喘息、补充的时候，你就可以反攻了。

其次，当对方已是山穷水尽的时候。这时就是对方已经把要进攻的全部进攻完毕，把要打击你的部位打击完毕。而后发现，他连你的"伤口"部位还没找到。其锋芒所指，无非是微不足道的小错误，或者其打击的部位亦不全面，从本质上动摇不了你，这就是所谓的"山穷水尽"。他技穷之时，也是你反守为攻之时。

2. 装作退却，设计陷阱

假如对方的问话是你所必须回答的、不能推辞的，而又要对方跟着你的思路走，你可以装作在第一方面退却，对方乘机逼过来，你把他带得远了，让他完全进入了圈套，然后再回过头来对他反击。

3. 抓住一点，丝毫不让

这是在你几乎无计可施的时候，对方话锋之强烈、火药味之浓，使你无法反击，他提出的重大问题，你却无法一一回答，这种情况下怎么办？迅速找到他谈话内容中的一个小漏洞，即使再微不足道也无所谓，可以把这一点无限扩大，使其不能再充分展开其他方面的进攻。就在这一点上，你来回与他周旋，并迅速地想出应付其他问题的办法。

4. 把球踢给对方

这是谈话中要运用的一个很普遍、很实用的技巧。当对方的问题很难回答，问的角度很刁，你回答肯定、否定都可能出差错时，那就不要回答，把问题再还给对方，从哪个地方踢来的球，再踢回到哪儿，将对方一军。

比如，有一个国王故意问阿凡提："人人都说你聪明，不知是真是假？如果你能数清天上有多少颗星，我就认为你聪明。"阿凡提说："如果你能告诉我，我骑的毛驴有多少根毛，我就告诉你天上有多少颗星星。"

5. 打擦边球

打擦边球的技巧就是给予对方一个模棱两可的回答，好像打乒乓球时打出的擦边球，似乎球出台了。面对咄咄逼人的追问，你就还一个擦边球式的回答，看起来与对方的问题不相干，几乎没有回答他的追问，但又确实与此有关，使对方不能对你进行无理的指责。

控制搅局有秘诀

搅局就是恶意破坏现场秩序，使发言者不停被打断，甚至被迫终止讲话。这种情况主要出现在单向交流中。如上课、作报告、大会发言、演讲等场合，听众开小会、串座位、随意进出、喧哗、嘲笑、喝倒彩、吹口哨、瞎鼓掌。下面就介绍一下搅局出现的原因和解决办法。

听者本身就对发言者有成见，是反对派。之所以来听，就是想来钻空子、找岔子，不管你怎么说，他都要搅。对付这样的情况，发言者一定要坚定信心、置若罔闻。

1860 年 2 月，林肯准备在纽约某学院作演讲。他到纽约时，当地报纸已发表了许多攻击他的文章。在他登台时，还未开口，台下便掀起一片嘲笑起哄的声浪。

演讲开始不久，台下已十分混乱，一些人高声叫嚷要他滚下台去。但林肯全然不为所动，十分镇静地按事先准备的讲下去。渐渐地，会场安静下来，除了林肯的声音，只有煤气灯的燃烧声，听众都听得入迷了。第二天，报纸又纷纷发表了赞扬林肯演讲异常成功的文章。

作为发言人，对搅局的出现只能自己去控制。那种依靠与听者有利害关系的他人出面干预、压制，或者自己愤而退场之举，都不是最终解决问题的办法。那样做，产生的负面效果可能会更大。因此，发言者必须正视搅局，主动实施控制。

还有一种情况是因为发言者思想、学术、业务等水平不高，听者觉得言之无物，听下去纯粹是浪费时间。对这种搅局的人，讲话者一定要谦虚谨慎，自剖自责。

1986 年菲律宾大选，竞选者阿基诺夫人曾被人指责成什么也不懂的家庭主妇。她上台发表竞选演说，不少人以这种眼光看待她。反对派则公开叫嚷说她只配围着锅台转，要她回去烧饭菜。她一开口便说："我只是一个家庭主妇，对政治和经济都不甚了解，也没有经验。"这诚恳、真挚的大实话使听众一下静了下来。接着她又说："对于政治，我虽然外行，但作为围着锅台转的家庭主妇，我精通日常经济！"听众随即爆发出热烈的欢呼声。

某厂宣传部长按厂里的宣传工作计划，到一分厂宣传时事政策。分厂一些工人正为下岗问题忧虑，但在这节骨眼儿上又不敢不来听。当分厂厂长讲了部长要宣讲的时事政策内容后，台下一下炸开了锅，吵嚷得不可开交。部长扯开喉咙大喊道："报告大家一个好消息。"台下顿时静了下来。部长故意停了一下才说："我爱人下——岗——了！"台下先是一愣，随即响起一片热烈的掌声。接着部长就从自己爱人如何主动要求下岗讲起，将夫妻的对话，儿女反对的言辞惟妙惟肖地描述一番。待听众情绪完全调动起来后，才简要讲了讲为什么要下岗，当前下岗的形势等问题。事后，大家都说部长真会为大伙考虑。

应变能力是现代人最重要的能力之一，特别是作为一名管理者，必须善于适应环境的变化。谈话是人与人之间思想的交流，人的思想是世界上最多变的东西。如果你总是用一套自认为最拿手的语言表达方式与他人交谈，那就永远也提高不了自己的交际能力。因此，在谈话时我们必须掌握这种随机应变的语言能力。

管理者在面对突发事件时，一定要记住：冷静、冷静、再冷静。只有保持头脑的清醒，才能使思路不受外界干扰，及时想出应对之策。

同时要相信自己的能力，给自己以信心。

当然，只有拥有了丰富的知识才是随机应变的资本。在现实中，我们通常会学到许多的知识和技巧，这时就要做到活学活用。你不用太在意自己能不能用对新学到的知识，因为没人会真的期望你第一次就掌握新知识的精髓。

事实上，对新知识的现学现卖是一种思维灵活的体现。把握住每一个机会能使自己跟得上谈话的变化，这样才能让语言环境改变后的冲击降到最低，也能为将来的随机应变做好必要的准备。

吸引听众，避免冷场

冷场分为两种情况：一种是在单向交流中，听的人毫无兴趣，注意力分散；另一种是在双向交流中，听众毫无反应，或者仅以"嗯""噢"之类应付。

冷场的根本原因在于发言者的话没有吸引力，听众仅仅出于纪律的约束或处世的礼貌而扮演一个"接受"的角色。因此，冷场完全要由讲话的人负责。

冷场的出现，是发言者的失败，因为它不能达到彼此沟通交流的目的。发言者既要发言，就必须对整个谈话氛围和谈话主题进行控制，避免冷场的发生。控制的办法有以下几种。

1. 发言简短

在单向交流中，那种应景式的寒暄对话，越短越好。如华达商场举行开业仪式，邀请了市内各领域的人士参加。总经理只说了两句话："女士们，先生们，十分感谢今天各位的光临！现在我宣布：华达商场正式开业！"

在双向交流中，任何一方都不要滔滔不绝地"包场"，要有意识地给对方留下发言的时间和机会。自己一轮讲不完，要等到对方有所反应后再讲，不要一轮就讲得很长。

2. 变换话题

当众发言时，遭遇冷场可通过暂时变换话题的办法吸引听众的注意力。目的达到后，仍要回到原有话题的轨道。比如教师在讲课过程中，发现学生精力分散、东张西望、打瞌睡、窃窃私语、在桌上乱画，这时要暂停讲课，或穿插几句应景、时髦、诙谐的话；或者简短地讲个与教学多少相关的掌故、趣闻，学生的精力便会一下集中起来。之后，再继续教学。

双向交流话题的变换是不定的，根据现场情况随时进行。比如你与别人说起今日凌晨看的一场世界杯足球赛电视直播，可别人并不喜欢足球，也没有在半夜里爬起来观看，对你的话题也显得毫无兴趣，出现冷场。这时，你就要及时转移话题。

3. 中止交谈

任何发言者都不愿碰到冷场。但若这种情况出现后，自己又采取了诸如简短发言、变换话题、加强语气等控制手段，仍然不能扭转冷场的局面，那就要中止交谈。长时间的冷场对交流双方都是残忍且浪费时间的。比如你同他谈足球他无兴趣后，变换话题他仍无兴趣，就不要再谈下去。这叫"话不投机半句多"。

遇到责难，区别对待

责难有两种情况：一种是对所谈的问题有疑问或提出不同意见。一般来说，这是善意的。另一种则是恶意的，故意刁难，搞恶作剧，以达到让发言者难堪、出丑的目的。

面对责难也有不同的应对之法，也要区别对待。

1. 对善意的责难要尽己所知，认真、负责地阐述自己的观点或解答对方的问题。只要不是涉及国家、组织机密和有伤风化等内容的，都要有问必答，不能用"无可奉告"之类的辞令搪塞。如果确实回答不了，要老老实实地表示歉意，或者留下另行探讨的话语。

前文的案例中，宣传部长到分厂宣讲时事政策，一女工站起来问道："你总讲形势好，为什么全国到处都在下岗？"部长说："下岗是社会发展的正常现象，是社会进步的表现，也恰恰说明形势好。现在一些地方、部门人浮于事，没事做，而一些地方、部门又事多等人做，这正常吗？

"一个工厂技术落后、设备陈旧，产品没市场，大家都发不出工资，还不如让一些人下岗转行，去干社会需要的事。这样，既满足了社会的需求，大家又都有钱可挣，不比要死不活地吊着好？"

2. 对恶意的责难应针锋相对，坚决、果断地予以驳斥或揭露。手法上可以多样化：或反唇相讥，或以牙还牙，或幽默风趣。总之，不能让其企图得逞。在这种情况下，不予理睬、拒绝回答，或者发火、生气，或者令其离开或自己离开，都是不恰当的，既会助长其气焰，混淆其他听众的视听，又会有损自己的形象。

据传，美国总统布什一次在演说时，台下递上一张纸条，他打开一看，写的是"傻瓜"。他若无其事地笑道："以往别人递纸条都是提出问题，而不落姓名；而这张只落了姓名却没有提问题。"

巧妙地将本想辱骂他的恶语，转移到辱骂者身上。

我们在社交场合中，特别是处境尴尬时，将错就错地巧妙开脱，通常比一味地解释更具有奇妙的作用。它是机智应变语言的重要内容之一。

清代才子纪晓岚才华横溢，深得乾隆皇帝的喜爱。有一次，乾隆皇帝突然来到军机处。而此时的纪晓岚正光着膀子和几个当值人员闲聊。其他人老远就看见皇上来了，连忙起身迎上前去接驾。纪晓岚是高度近视，刚开始没看见走在最后面的乾隆，等他明白怎么回事的时候，乾隆就快到了。

纪晓岚心想：就这样光着膀子接驾，岂不是冒犯龙颜？干脆一不做二不休，趁着别人不注意钻到桌子底下躲起来。

这一切，早被乾隆看了个真真切切，他心中一阵好笑，有心想"整整"纪晓岚。

乾隆在椅子上坐定，示意其他人都不许出声。过了很长时间，纪晓岚在桌子底下待不住了，心中纳闷：怎么进来之后就没动静了？这么长时间了，早该走了，该不是已经走了吧。想到这里，纪晓岚压低了嗓门，喊道："喂，有人吗？老头子走了吗？"

乾隆听得真真切切，板起脸，厉声喝道："纪晓岚，出来吧。"

纪晓岚一听是乾隆的声音，心想：完了，完了，这回可完了。只好无可奈何地从桌子下钻出来见驾。

　　乾隆一看纪晓岚光着膀子，满身大汗，惊慌失措的样子，心里一阵好笑，说道："纪晓岚人称大清第一才子，居然这般模样。"接着故意装作生气的样子，大声喝道："大胆的纪晓岚，你不见驾也就罢了，居然还敢说朕是'老头子'，你什么意思？今天你要讲不清楚，要了你的脑袋！"

　　到了这种境地，纪晓岚反倒镇静了许多，一边擦汗，一边苦思对策。忽然他灵机一动，心想：反正错了，错了就错说呗。于是不紧不慢地说道："万岁爷请息怒，刚才奴才称您为'老头子'，只是出于对您老人家的尊敬，别无他意。"

　　乾隆一听更来气了："尊敬？好，你给朕说说怎么个尊敬法。"

　　纪晓岚慢慢说道："先说这'老'字，天下臣民每天皆呼皇上万岁，万万岁，您说这万岁、万万岁算不算'老'啊？"

　　乾隆没作声，只是点点头。

　　纪晓岚见乾隆有所应允，接着说："再说这'头'字，家有千口，主事一人。如今皇上便是我大清国的主事之人，是天下万民之首，'首'者，'头'也。故此称您为'头'。"

　　乾隆边听边眯着眼睛笑，很是满意。

　　"至于这'子'嘛，意义更为明显。皇上您贵为天子，乃紫微星下凡。紫微星，天之子也，因此您为'子'。这便是我称您老人家为'老头子'的原因。"纪晓岚说完，轻轻舒了口气。

　　乾隆听完拍掌大笑："好一个'老头子'，纪晓岚你果然是个才子。"

　　在上述案例中，纪晓岚将错就错，使皇上龙颜大悦，也巧妙地为自己化解了一次险情。由此可见，掌握机智的语言应变技巧，无论是在社会交往还是在商业谈判、发表演说等方面，都具有重要的作用。

巧用谐音，转危为安

谐音，是指利用语言的语音相同或相反的关系，有意识地使语句有双重意义，言在此而意在彼。巧用谐音，通常能使人摆脱困境，化险为夷。

从前有个宰相，他的儿子叫薛登，生得聪明伶俐。当时有个奸臣金盛，总想陷害薛登的父亲，苦于无从下手，便从薛登身上打主意。有一天，金盛见薛登正与一群孩童玩耍，于是眉头一皱，诡计顿生，喊道："薛登，你像个老鼠一样胆小，不敢把皇门上的桶砸掉一只。"

薛登不知是计，一口气跑到皇门边上，把立在那里的双桶砸碎了一只。

金盛一看，正中下怀，立即飞报皇上。皇上大怒，立刻传薛登父子问罪。

薛登父子跪在堂下，薛登却若无其事地"嘻嘻"笑着。皇上怒喝道："大胆薛登！为什么砸碎皇门边上的桶？"

薛登想了想，反问道："皇上，您说是一桶（统）天下好，还是两桶（统）天下好？"

"当然是一统天下好。"皇上说。

薛登高兴得拍起手来："皇上说得对！一统天下好，所以，我便把那只多余的'桶'砸掉了。"

皇上听了转怒为喜，称赞道："好个聪明的孩子！"又对宰相说：

"爱卿教子有方，请起请起。"

金盛一计未成，贼心不死，又进谗言道："薛登临时胡编，算不得聪明，让我再试他一试。"皇上想了想后，同意了。

随后，金盛对薛登"嘿嘿"冷笑道："薛登，你敢把剩下的那只也砸了吗？"

薛登瞪了他一眼，说了声"砸就砸"，便头也不回地奔出门外，把皇门边剩下的那只木桶也砸了个粉碎。

皇上喝道："顽童，这又如何解释？"

薛登不慌不忙地问皇上："陛下，您说是木桶江山好，还是铁桶江山好？"

"当然是铁桶江山好。"皇上答道。

薛登又拍手笑道："皇上说得对。既然铁桶江山好，还要这木桶江山干什么？皇上快铸一个又坚又硬的铁桶吧，祝吾皇江山坚如铁桶。"

听了他的话皇上高兴极了，当即便下旨封薛登为"神童"。

俗话说："他山之石，可以攻玉。"此话说的是办事的一种方略，运用在说话中，则更有奇效。

唐宪宗曾问李绛："谏官中有很多人毁谤朝政，却没有事实根据，我想贬斥其中一两个言辞较激烈的，来警诫其他人，怎样？"

李绛回答说："这恐怕不是陛下的想法，一定是奸邪的臣子用这种话来蒙蔽您的耳目。大臣的生死，取决于君主的喜怒，因此敢开口谏诤的又有多少？即使有劝谏的，事前也要昼思夜虑，把准备说的话早晨删去一点，晚上又删去一点，等到呈奏上来时，剩下的根本不到十分之二三。所以君主孜孜不倦地寻找谏言，还怕找不到。何况还要加罪于敢谏的人呢？像陛下刚才所说的那样去做，就会杜绝天下人的正直言论，这不是社稷之福啊！"

宪宗赞扬了李绛的话，取消了惩办进谏者的打算。文中李绛明知这是宪宗的主张，但他怎么敢与宪宗在观点上争论对错，只有强把宪宗自己的主张引为臣子的主张，加以毫不留情的反驳，让宪宗明白他的想法的利害关系，从而达到规劝的目的。

引石攻玉，也可以说是言在此而意在彼，声东击西，假错他人之义，达到自己的目的。宋太祖杯酒释兵权，就是一个典型的事例。

宋太祖夺得天下不久，就问赵普："从唐末以来，几十年间，换了十几个皇帝，征战不息，其原因何在？"

赵普回答说："因藩镇的势力太强大了，皇帝势弱而臣子势强，自然无法控制局面。当今之计，只有稍微削减他们的权力，控制他们的钱粮，收编他们的精兵，天下自然就会安定。"

话未说完，太祖就说："你不用再说了，我已经知道。"

过了不久，太祖和老友故将石守信等人饮酒，酒酣耳热之际，命令左右伺候的人退下，对他们说："我如果不依靠你们的力量，不可能有今天的金殿龙袍，我将永远铭记你们的恩德，每时每刻都不会忘记。然而做天子也不快乐，简直不如当节度使快乐。我现在整夜寝不安枕啊！"

石守信等人问："为什么呢？"

太祖说："这不难知道，身居我这个位置的人，谁不想将我干掉。"

石守信等人惶恐万分，向太祖叩头说："陛下为什么说出这样的话呢？"

太祖说："不是这样吗？你们虽然没有这个野心，但你们手下的人想富贵啊！一旦他们将皇袍给你们穿上，就是想不做皇帝，也是不可能的了。"

石守信等人都叩头哭泣道："我们虽愚蠢之至，还未到这种地步，只求陛下怜悯我们，给我们指出一条生路。"

太祖于是说：“人生短暂，如白驹过隙。想求富贵的人，不过多得些金钱，使自己优裕享乐，使子孙不受贫乏之苦。你们何不放弃兵权，选择些好田宅买下来，为子孙创立永久的产业，多多购置一些歌姬舞女，成天饮酒作乐，以终天年。我们君臣之间也免去互相猜忌怀疑，不也很好吗？”

石守信等人再次拜谢太祖：“陛下能替臣等考虑得这般周到细致，真所谓同生死的亲骨肉啊！”

第二天，他们几个人都以自己有病为由，无法继续任职，请求太祖解除了他们的兵权。

引石攻玉，用谈判的语言来说也叫“引起竞争”，是谈判者可资运用、行之有效的基本谋略。

作为一种说话技巧，引石攻玉，不一定要引起竞争，只要能用引来的“石”将“玉”攻开，就已经达到目的。但运用之时必须选准自己所需之“石”。

虚张声势，大获全胜

虚张声势是以夸张的语言造成严重的形势，给对方造成强烈的震撼，以此说服对方，或脱离险境。

据传，第二次世界大战之初，德国于1941年制定的建造几十艘潜水艇的计划很快要成为现实，需要有几千名德国青年来操纵这些新式秘密武器。正当许多青年把当潜水兵作为一种崇高的职业，争先报名参加杜尼兹海军上将的潜水艇部队时，许多地方出现了一种精心设计的传单：潜水艇被画成一个"钢铁棺材"，上有这样的文字："当潜水兵极其危险，寿命短，长时间同外界隔绝……"

同时，英国人在无线电广播中，开办针对德国人的节目，告诉德国人如何假装患某种疾病以避免当潜水员。原来，这是英国海军部一个代号为OP—16—W的秘密部门，针对德国人很容易受到心理攻击的特点，运用心理学知识对德国进行的一次"心理战"。

这样一来，许多青年对当潜水兵产生了恐惧，就自动放弃了报名。

由此可见，虚张声势能让对方在心理上受到强烈的震撼，你的说服就会有效。试想，聪明的英国人将潜水艇描绘成可怕的钢铁棺材，还有谁会愿意去白白送命呢？

战国时，有一个名叫张丑的人，在燕国当人质。

这一天，张丑听说燕王想杀死他，便急忙逃走。很快，他便来到燕国的边境，眼看离自由只有一步之遥了，不料却被燕国边境的巡官抓个正着。巡官以为这下立了大功，决定将张丑送回燕王处请赏。张丑心想，如果被送回去，肯定是死路一条，必须想办法逃走，思来想去，张丑终于想出一条妙计。

张丑对看守他的兵士说："快去叫你们的头来，我有话跟他说。"

看守连忙前去禀报。不大一会，巡官过来。

张丑神秘地对巡官说："你知不知道，你们燕王为何要杀我？"

"为何要杀你？"

张丑故意压低了声音说："燕王之所以要杀我，是因为有人说我有很多珠宝，而燕王却想要得到它们。事实上那些珠宝已经没有了，但是燕王不信任我。"

"这跟我有什么关系？"巡官不解地问道。

"如果你现在把我送给燕王，他必定还要问我珠宝藏在何处。到时我就说，你把这些珠宝全吞在肚子里了，到时候……"

张丑故意抬高了声音："燕王肯定让你剖腹取珠，你的肚肠将被一寸一寸地割开。"

这时，巡官早已吓得不住地颤抖，赶紧放了张丑，让他逃出燕国。

善于幽默，八面玲珑

一般来说，谈话中突然的改变很容易造成谈话气氛的尴尬甚至是紧张。这时候，恰到好处地幽默一下，不仅能打破沉闷的气氛，还会让你给别人留下深刻的印象。

如果管理者在和员工谈话时，能成功地以幽默应对突如其来的变化，就能更好地树立在员工心目中机敏睿智、平易近人的形象。

据说，著名相声演员马季，有一次到湖北黄石市演出。但就在他即将登台表演之前，有位演员将"黄石市"说成了"黄石县"，这一口误不仅引起了观众的哄笑，而且让演出气氛也受到了影响。

马季在笑声和起哄声中，上了台。他的表情很严肃："今天，我们有幸来到黄石省演出……"一句话使观众笑得更开心了，但和刚才不同的是，这次的笑声是一种赞扬的鼓励。表演到最后，马季解释道："方才，我们的这位演员把黄石市说成了县，降了一级，我在这里当然要说成省，给提上一级。这样一降一提哈，就平啦！"

马季就地取材，用幽默将演出的气氛变得更加融洽。这不仅是因为他有丰富的舞台表演经验，还因为他是一个善于使用幽默语言的人。他的一句幽默效果如此显著，可见，幽默的作用不可小看。

言语失误，从容应对

"人有失足，马有漏蹄"。在人际交往过程中，即使辩才如张仪，也难免会陷入词不达意的尴尬，更不用说偶尔头脑发昏，举止失当，做出莫名其妙的蠢事。虽然原因不同，但后果却相似：贻笑大方，或引起纠纷，有时甚至一发不可收拾。这种时候，我们就得让脑子转个弯，想法子化解纠纷。我们可以看看他人的一些例子，并从中得到一些启发。

阮籍有一次上早朝，忽然有侍者前来报告："有人杀死了自己母亲！"阮籍素来放浪不羁，信口说道："杀父亲也就罢了，怎么能杀母亲呢？"此言一出，满朝文武大哗，认为他"抵牾考道"。

阮籍也意识到自己措辞不当，连忙解释说："我的意思是说，禽兽知其母而不知其父。杀父就如同禽兽一般，杀母呢，就连禽兽也不如了。"一席话说得面面俱到，众人无可辩驳，阮籍也免去了杀身之祸。

这四两拨千斤的方法免去了一场争吵。阮籍巧妙地引了一个比喻，在众人面前不知不觉中更换了题旨，巧妙地平息了众怒。当你出言不慎引起众怒时，不妨采用一下这种方法。

据传，美国前总统里根在和记者谈论健康的奥秘时，不自觉信口开河道："除了运动，我的另一个习惯是不吃盐。谁要想保持身体健康，最好不吃盐或少吃盐。"此言一出，立刻引起全美盐业界的齐声抗议，引发了一场"食盐风波"。

在众怒未平时，盐业研究所所长出面替总统作了解释："吃盐对人体是有好处的；而里根总统遵照医生叮嘱不吃盐也是情非得已。每个人的情形不同，要根据自己的身体情况来决定食盐的多寡。"

所长作一番颇为客观的解释，巧妙消除了总统言语失误带来的风波，将失误之言采取声东击西的分析，巧妙挽救了总统言语方面的失误。

美国前国务卿基辛格是一位成功的外交家。一次，他在接受意大利女记者法拉奇的采访，说起自己成功的外交施政时，竟夸口说道："美国人崇尚只身闯荡的西部牛仔，而单枪匹马向来是我的作风，或者说是我技能的一部分。"此番话一经报纸发表，立马引起轩然大波，连一贯赞赏基辛格的人们也不满于他好大喜功的轻率言论。然而，基辛格毕竟是基辛格，他不但沉住了气，还明智地主动接受采访并乘机声明："当初接见法拉奇是我平生最愚蠢的一件事，她曲解了我的话，拿我来做文章罢了。"

基、法两人的话，究竟谁真谁假，外人一下子丈二和尚摸不着头脑。这便是一种转移别人注意力的方法。它能减轻失误的严重性，但在一般情况下，应用此法要谨慎。因为它实际上是透过于人，不到万不得已最好少用，以免损于自己声誉，失去他人的信任。

美国前总统里根访问巴西时，由于旅途疲乏，在欢迎宴会上，他竟闹出不可原谅的笑话："女士们，先生们！今天，我为能访问玻利维亚而感到非常高兴。"顿时场内一片寂然，众人面面相觑，不明就里。有人低声提醒总统说漏了嘴，里根忙改口道："很抱歉，我们是不久前访问过玻利维亚。"尽管当时他并未去过玻利维亚，但听众还未反应过来，他的口误就已经淹没在他接下来的滔滔大论之中了。

"及时改口"是补救言语失误的妙法。只要及时发现错误，就能掩饰言语失误，避免出丑。

勇于承认错误的人永远都是受欢迎的。以坦率道歉来援救过错，以真诚检讨来赢得宽恕，比遮遮掩掩、文过饰非要高明很多。当你不小心说错话，不妨公开承认错误，相信大家都会欣然接受。

另一个例子发生在美国前总统杜鲁门身上。

据传，他的女儿玛格丽特开演唱会，被评论家休姆批评得一文不值。杜鲁门一气之下写了封信去责骂休姆，称他是"蹩脚的评论家"，"希望有朝一日遇上你，那时，小心你的鼻梁。"这封信被休姆公开于世，他的总统形象一落千丈。杜鲁门明智地选择了公开道歉的方式，他诚恳地对人们说："我的感情十分脆弱，有时候会控制不了自己。"

总统这样的作为非常难得。他不仅不因上次的出言不逊而失去民众的支持，更因自己的一腔真情换来了更多的支持者。这也验证了中国的一句古谚语："塞翁失马，焉知非福。"

将自己说过的"错话"添言减字，让意思改变，是巧妙改口的另一个招数。

隋唐时，秦琼贫病交加晕倒在单家庄。单雄信救起他，说起自己久仰秦琼的大名，但苦于不曾谋面。秦琼脱口而出："正是在下。"话一出口，他便后悔了——怎么能在一个陌生人面前暴露自己的身份？于是他又很快在后面添了四字，改成"正是在下同衙的朋友"，巧妙地掩饰了自己的身份。

补救言语失误或举止失当，要视场合而采取不同手段。灵活运用，方能百战百胜，如果拘泥形式，只会雪上加霜。以上所介绍的只是普通情况下要采取的应对之法，希望对读者有所帮助。

拒绝他人，见仁见智

善于拒绝，也是一门艺术。当有人向你提出各种各样的要求，但一时办不到，或时机不成熟，或悖理违章时，该拒绝的，还得拒绝。

人都是有自尊的，当别人有求于你时，千万不能过于生硬地拒绝，不能伤了他人的面子，要使对方心理保持平衡，才不会引起对方的反感。如果我们能在拒绝别人的同时，尊重他们的愿望，也就能做到相互信任、相互理解。对方会相信你的拒绝是出于无奈，也不会再纠缠不休。

在人际交往中，如何才能做到既不违背自己的心意和原则，又不伤害对方的自尊或感情呢？可以尝试一下下面这几种方法。

1. 巧妙地运用谎言

谎言是人们所谴责的，但有时恰当地说一点谎，也能很委婉地拒绝他人的好意。

据传，第二次世界大战中，同盟国三巨头之一的罗斯福，曾担任过海军部的某个要职。有一次一个跟他关系密切的部下，向他打听海军部在加勒比海建潜艇基地的计划。

这个部下的要求或许只是出于好奇，但还是让罗斯福感到为难，告诉他，就违反了工作原则；不告诉他，又可能伤了对方的自尊心。罗斯福不愧是罗斯福，眉头一皱，计上心来。

"来，我告诉你！"罗斯福故作神秘地向周围看了看，压低了声音。

对方见状，连忙把头凑了过来。

"你能保密吗？"罗斯福好像不放心地问。

"当然能！"部下急忙回答。

"那我也能。"罗斯福笑着轻声地对他说。

对方愣了一下，接着与罗斯福对视了一眼，两人都爽快地大笑起来。

当然，在有些情况下，直言代谎言更好。例如，一个喜欢到处借钱而又不还的人来找你借钱，该怎么办？俗话说：好借好还，再借不难。碰到这种只借不还的人，你就能客气地拒绝他："实在对不起，我恐怕帮不了你这个忙。"明确表示无意借给他钱就行了，别的什么都不用讲。如果他继续缠住你，你就把已经讲过的话再客气地重复一遍，他若明事，也就知难而退了。

如果你解释说："实在对不起，这个月的工资都用完了。"那么他可能问："怎么用得这么快？工资才发了一个星期呀！"这样，你就不得不解释你买了什么东西，反倒使自己陷入被动的、说不清的境地。所以，无需解释理由的时候，不如一口拒绝的好。

2. 耐心倾听

作为对拒绝者的基本尊重，首先要先耐心倾听对方的要求。即使在对方述说中途就已经知道必须加以拒绝，也要他们把话说完，既表达对其尊重，也能更加确切地了解其请求的主要含义。然后，要明白地告诉对方你要考虑的时间。

我们经常以"需要考虑考虑"为托词而不愿意当面拒绝他们的请求。内心希望通过拖延时间使对方知难而退，这是错误的。如果不愿意，立刻当面拒绝；或者明确告知对方自己需要考虑的时间，表示自己的诚信。

拒绝的话不要脱口而出，要站在对方立场上严肃地思考，一定要显示出你明白这个请求对其的重要性。拒绝的时候要和颜悦色，首先感谢对方在需要帮助时，想到了你，并且略表歉意。注意，过分的歉意会造成不诚实的印象。因为如果你真的感到非常抱歉，就要接受对方的请求。

3. 态度坚决，理由明确

对一些不适宜，明显应该拒绝的事，在一开始就直截了当地拒绝。这种拒绝一定要明确、坚定，不似是而非、模棱两可。但同时，语气又一定要诚恳、含有歉意，要耐心解释你的处境，这样更能得到对方谅解。

唐太宗李世民是历史上的明君，而魏徵则是敢于向皇帝说"不"的名臣。

有一次，"大逆不道"的魏徵竟然指责李世民失信。

"陛下曾说，'朕以诚信御天下，欲使臣民皆无欺诈。'但陛下言而无信，自己就失信过好几回了。"魏徵对李世民说。

"寡人什么时候失信于人了？"李世民心中有几分不悦。

"且听微臣细细道来。"魏徵不慌不忙地说，"陛下登基之初，曾下令免去所有百姓欠官家的债务。可如今朝廷仍然追索秦王府的旧债，理由是秦王府的债权不属朝廷。陛下过去是秦王府的主人，现在虽贵为天子，秦王府的财物也应该属于官家所有。既然如此，为何还要追索呢？"

李世民低头不语，显出沉思的神色。

魏徵见状，接着说："刚才只是一例。陛下又曾降旨免除关内外两年之赋税，百姓闻之欢欣鼓舞；而今又降旨说今年照常征收赋税。朝令夕改，只会失人心于天下。臣以为，若想以诚信御天下，当从陛下始。"

面对这种触犯龙颜的行为，李世民非但没有降罪魏徵，还高兴地说："爱卿说得好。寡人确实言而无信，幸好让卿家给点了出来，否则失信于天下，那就不妙了。"

魏徵毫不隐瞒、一针见血地对李世民失信于民的行为说"不"。李世民不仅不生气，还对他大加赞赏，并且心存感激地给予魏徵很高的评价："贞观以来，尽心于主，献纳忠谠，安国利人，犯颜正谏，匡朕之违，以唯见魏徵一人。"

李世民之所以这样做，是他认识到魏徵虽然对自己说"不"，其实是从反面激励自己当一个明君。因为只有明君，才可能接受臣子的诤谏。同时，李世民明白魏徵是为自己的江山着想，君王的过失，臣子及时指出来，有利于治理国家。

作为一个管理者，当你拒绝别人的时候，最好要讲清楚拒绝的理由。能说出真诚的并且符合逻辑的拒绝理由最好，有助于维持原有的关系。如果你觉得拒绝的理由不充分，也可以直接拒绝，不说明理由。千万不能编造理由，因为谎言终究会被揭穿。当你说明理由后，对方试图反驳，你千万不能与之争辩，只要重申拒绝就行了，争辩会把理性转化为感性。

在拒绝他人的时候，一定要表明一个思想，那就是对事不对人。一定要让对方知道你拒绝的是他的请求，而不是他本身。拒绝之后，最好能为对方指出处理其请求的其他可行办法。千万不能通过第三方加以拒绝。通过第三方拒绝，足以显示你懦弱的心态，并且非常缺乏诚意。

4. 考虑对方的利益

成功地拒绝他人的不实之请能节省自己的时间和精力，还能免除由不情愿行为所带来的心理压力。关键在于拒绝前，必须将对方的利益放在考虑之内，才能做到两全。

大凡来求你办事的人，都相信你能解决这个问题，抱有很高的期待心理。一般来说，抱的期望越高，越是难以拒绝。在拒绝要求时，倘若多讲自己的长处，或是过分夸耀自己，就会在无意中提高对方的期望，增大拒绝的难度。如果适当地讲一些自己的短处，抓住适当的机会多讲别人的长处，就能把对方的求助目标自然地转移过去。这样，不仅能达到拒绝的目的，而且使被拒绝者因而得到一个更好的归宿，而减少了失望感。

总之，学会说"不"，实质也就是学会自如地表达否定的、不愿意的感受，以直率、诚实和恰当的方式表达你此刻的感觉。学会合理的拒绝，你就掌握了工作生活的主动权，你就会生活得更加轻松自如。既不担心与他人接近，又不害怕与他人争辩，你的行为完全出于自然，有多少能力就表现多少。

知道自己是谁，知道自己需要什么。这样能使自己有更多的时间专心于自己该做的事，也使他人意识到你的权利，真正理解并尊重你。

及时反驳，理由充分

身为一名管理者，在人际交往中，总难免碰到一些无理的语言。如果出面劝，无异于对牛弹琴；如果直接责备，他们自然会与你顶撞。

这时，最有效的办法就是反驳。当你想要驳倒对方时，除了理由充分外，还要靠说话的技巧。反驳得好能使对方哑口无言，不好则势必发生口角，甚至是破口大骂，大打出手。

因此，真正的反驳并不是单纯意义上的口舌之战，而是行其道反其言，使对方巧妙落入自己话语的陷阱，理屈词穷，无言以对。在反击中，以下四点必须注意。

1. 心平气和

遇到无理的言行，首先要做到的就是不要激动，要控制情绪，态度必须从容，说话必须稳当。古人曰："匹夫见辱，拔剑而起，挺身而斗，此不足为勇也。"对方对此不但不会惧怕，反而会对你的失态感到得意。

这个时候，心境平和，对反驳对方有重要作用。先把他们的话总括扼要地提出，问他们是否是这些意思，再从他们对的方面，表示适当的赞同，使他们高兴。说到后来，用"但是"两字一转，逐层反驳，把轻的放在前面，重的留在后面，越说口气越硬，直使他们无法置辩。

2. 绵里藏针

对无理行为进行反击，能直言相告，但有时不宜锋芒毕露，露则太刚，刚则易折。有时，旁敲侧击、绵里藏针，反而更见势力，它使对方无辫子可抓，只得自己种的苦果往自己肚里吞，在心中暗暗叫苦，就像这位富翁那样。

有一天，诗人在泰晤士河畔见到一个富翁被人从河里救起。富翁给了那个冒着生命危险救他的人一块钱作为报酬。围观的路人都为这种无耻行径所激怒，要把富翁再投到河里。诗人上前阻止道："放了他吧，他自己很了解他生命的价值。"

3. 旁敲侧击

对无理的行为进行反击，是正义的语言与无理的语言的对抗。所以，反击的语言一定要与对方的语言表现出某种关联，正是在这种关联中，才会充分表现出自己的机智与势力。

4. 反驳有力

对无理言行进行语言反击时，不能说了半天，不得要领，或词软话绵。而要做到打击点准确，一下子击中要害；反击力量要猛，一下子就使对方哑口无言。

大智大勇，反败为胜

对于一件事情，如果总是强调好的一面，那么对方对于你所说的话，就会存有不信任的潜在心理。

如果为了让对方相信自己，消除他们的不信任感，而一再强调自己的优点，这样反而缺乏说服力。还不如利用人类潜在的"别扭心态"，来取得对方的信任。

据传，在美国费城举行宪法会议的时候，会议中人们分为赞成派和反对派，讨论相当白热化。出席者的言论都非常尖锐，甚至演变成人身攻击。

由于出席者有着人种、宗教方面的差异，利害关系相同的人自然结合在一起，会议充满了火药味和互不信任的气氛。

眼看会议即将决裂时，持赞成意见的富兰克林适时地出面收拾了混乱的场面，终于促使宪法成立。

当时，在面对反对派猛烈的攻击时，富兰克林不慌不忙地对他们说："老实说，对这个宪法我也并非完全赞成。"

这句话一出，会议纷乱的情形霎时停止了，反对派人士不禁感到怀疑：富兰克林既然是赞成派，为什么不完全赞成自己所提的宪法呢？

富兰克林顿了一会，才继续说："我对于自己赞成的这个宪法并没有信心，出席本会议的各位，也许对于细则还有些异议；但不瞒各位，我此时也和你们一样，对这个宪法是否正确抱有怀疑态度。我就是在这种心境下来签署宪法的。"

富兰克林的这番话，使得反对派的激动和不信任态度终于平静下来，美国的宪法也顺利通过。

一般人要化解对方的不信任感，通常会以强硬的口气说"请你相信我的话"，或者说"根本没有那回事"，结果反而使对方的不信任感更加强烈。

因为这样说，就像是要将对方的不信任全面否定，只保留自己单方面的主张，实际是一种正面的攻击，这样做是不会产生任何效果的。

你可以先给对方一些不利于自己的消息，使对方觉得你"还蛮老实的"，这样一来，他们就会产生想听你继续说话的意愿。你便可以附带地为自己说些好话，在不知不觉中，对方就会顺利地接受你的诱导。

富兰克林就是利用了这个技巧，先说一些对自己不利的话，使对方反而产生了信任感。

第十章　相互博弈——成功的谈判和辩论

　　谈判具有极强的实践性与功利性。现代企业和商务活动的成功与否，很大程度上取决于个人谈判技巧与能力。毋庸置疑，你必须练就卓越的谈判技巧和实战能力，才能成为商界的赢家，才能在掌控自己命运时得心应手。

　　训练有素的商务谈判是一种超级的脑力劳动，既需要科学的理论作指导，也需要借鉴成功的经验。

陈述的技巧

陈述是谈判的主要内容，也是实现谈判目的最重要的手段。谈判者在整个谈判过程中，必须对自身严格约束，不允许有任何自由主义作风。这就要求谈判者在陈述时既不能信口开河，又不能把对方想知道的情况全都坦诚相告；既要准确地表达自己的观点与见解，又要表达得有条有理、恰到好处。

1. 转折语

转折语是谈判中陈述某种观点的技巧之一。谈判中如遇到问题难以解决，或者有话不得不说，或者接过对方的话题转向有利于自己的方面，都要使用转折用语。

例如"可是""但是""虽然如此""不过""然而"等，这种用语具有缓冲作用，能防止气氛僵化。既不致使对方感到太难堪，又能使问题向有利于自己的方向转化。

2．解围语

当谈判出现困难，无法达成协议时，为了突破困境，给自己解围，可以运用解围用语。

例如："真遗憾，只差一步就成功了""就快要达到目标了，真可惜""行百里者半九十，最后的阶段是最难的啊""这样做，肯定对双方都不利""咱们再这样拖下去恐怕也不会有什么好结果""既然事情已经到了这个地步，懊恼也没有用，还是让我们再做一次努力吧"。

这些解围用语，有时能产生较好的效果，只要双方都有谈判诚意，对方可能会接受你的意见，有利于谈判的成功。

3. 弹性语

无论何种谈判，都不能把话说得太过，更不能说得太死。对不同的谈判者，要"看人下菜碟"。如果对方很有修养，语言文雅，我们要采取相似语言，谈吐不凡；如果对方语言朴实无华，那么我们在讲话时也不必过多修饰；如果对方语言爽快、耿直，那么我们就没必要迂回曲折，要打开天窗说亮话，干脆利落地摊牌。

总之，在谈判中要根据对方的学识、气度、修养，随时调整自己的说话语气、用词，这是双方沟通思想、交流感情的有效方法。

从人们的听觉习惯去考察，在某一场合，他们对听到的第一句话与最后一句话，通常能留下很深的印象。在谈判中，假如你以否定性的话语来结束会谈，那么，这否定性的话语会给对方一种不愉快的感受，并且印象深刻；同时，对下一轮谈判将会带来不利影响，甚至危及上一轮谈判中谈妥的问题或达成的协议。所以，在谈判终了时，最好能给予谈判对手以正面的评价。

例如："您在这次谈判中表现很出色，给我留下了深刻的印象""你处理问题大刀阔斧，钦佩，钦佩"。不论谈判结果如何，对参与谈判的人来说，每一次谈判都是谈判双方的一次合作过程。

因此，一般情况下在谈判结束时，对对方给予的合作诚意表示感谢，是谈判者应有的礼节，对今后的谈判也是有益的。

提问的技巧

在谈判中，获得信息的一般手段是提问。为了解对方的想法和企图，必须十分机警，利用各种方法和技巧去探知对手的需要。通过提问，除了能从中获得众多的信息之外，还常常能发现对方的需要，知道对方追求什么，这些都对谈判有很大的指导作用。另外，提问还是谈判应对的一个手段。

不同的谈判过程，获得信息的提问方式不同。一般提问有以下几种方式。

一是一般性提问，如"你认为如何？"等；

二是直接性提问，如"谁能解决这个问题？"等；

三是诱导性提问，如"这不就是事实吗？"等；

四是探询性提问，如"是不是？""你认为呢？"等；

五是选择性提问，如"是这样，还是那样？"等；

六是假设性提问，如"假如……怎么办？"等。

这六种类型的提问方式，是有用的谈判工具，我们必须有选择地、灵活地运用这些工具。

首先，提问题要恰当。

如果提出的问题能够得到对方的有效回馈，并且能根据你的问题作出相应的思考，那么这个问题就是一个恰当的问题，反之就是一个不恰当的问题。所以，在磋商阶段，谈判者要想有效地进行磋商，必须确切地提出争论的问题，力求避免提出含有某种错误假定或敌意的问题。

下面这个故事说明了提出恰当问题的重要性。

有位牧师问一位长老："我可以在祈祷时吸烟吗？"他的请求遭到严厉的拒绝。另一位牧师再问同一位长老说："我可以在吸烟时祈祷吗？"因为提出问题的措辞不同，投长老之所好，他被允许了。

其次，问题要有针对性。

有针对性的问题就是说对一个问题的提问要把问题的解决引到某个方向上去。在磋商阶段，一方为了试探另一方是否有签订合同的意图，是否真正需要这种产品，谈判者必须根据对方的心理活动运用各种不同的方式提出问题。比如，当买主不感兴趣、不关心或犹豫不决时，卖主应问一些引导性问题："你想买什么东西？""你愿意付出多少钱？""你对于我们的消费调查报告有什么意见？""你对于我们的产品有什么不满意的地方？"……提出这些引导性的问题后，卖方可根据买方的回答找出一些理由，来说服对方并促成对方与自己成交。

卖方看到买方对他们生产的洗衣机不太满意，就问对方在哪些方面不满意。

买方答："我不喜欢产品的外形，乍看上去不结实。"

卖方说："如果我们改进产品的外形，使之增加防腐能力，你会感到满意吗？"

买方答："就这一点而言，那当然好，不过交货时间太长了。"

卖方问："如果我们把交货时间缩短，你能马上决定购买吗？"

买方答："完全可以决定。"

这样，卖方针对买方的要求，提出一些可供商榷的问题，让买方接受了自己的观点。

提出恰当的问题是很有力量的谈判工具，因此在应用时必须审慎明确。

问题决定讨论或辩论的方向，适当地发问，常能指导谈判的结果。发问还能控制收集情报的多寡并能刺激你的对手慎重地考虑你的意见。为了答复你的问题，你的对手不得不想得深入一点——他会更谨慎地重新检测自己的合作前提，或是再一次评估你的前提。审慎运用问题，使你能轻易地引起对手的注意，也能让别人对问题保持持久的兴趣。此外，经常地提出问题，你的对手会被导向你所期望的结论。

攻防的技巧

在有关商业谈判的论著中，"策略"一词通常有两种含义：一是指关于谈判的原则的、整体的、方针性的方法和措施；二是指针对具体时机、场合和状况所采用的手段和对策。前者可以称为谈判战略，后者则可称为谈判战术和技巧。

实际上，战略是在谈判中采用的各种战术的组合，而战术是为了实施战略使用的各种手法。所以在实际运用中，某一特定的行动究竟是战略性的还是战术性的，通常很难说清楚。我们下面要讨论的策略，是从商业谈判战术意义上来讲的。在谈判中，正确地运用各种策略，能收到事半功倍的效果。

谈判的效果在很大程度上取决于谈判的策略。谈判的策略不胜枚举，根据双方所处的地位，概括起来可分为攻势策略和防御策略两大类。

1. 攻势策略

当谈判的一方实力较强，处于主动地位时，可以发起攻势，迫使对方做出更大让步。

（1）软硬兼施

同一谈判班子中，某人扮演固执己见的顽固角色，而另一个人则扮演通情达理的老好人角色，即我们通常所说的一个唱白脸，一个唱红脸。两人一唱一和，如唱双簧，虚实难分，软硬兼施。人们无法对帮自己说话的"好人"产生反感，从而撤掉自己心理上的警戒线，这是一种常用且很奏效的策略。

（2）反向诱导

为了说服对方接受某主张，可以提出一项恰恰相反的主张，即逆向谈判法。有的谈判对手总怀疑对方，犹如正在闹离婚的夫妻一般。这时，就很难说服他们相信自己建议的诚实性。为此，故意提出一条截然相反的建议，反而诱导对方接受先前的建议。

（3）最后期限

大多数谈判，通常是到了谈判的最后期限或临近这个期限才达成协议。如果在谈判开始时规定最后的期限，也是一种谈判策略。心理学专家指出：当某一最后期限到来时，人们迫于这种期限的压力，会迫不得已改变自己原先的主张，以求尽快解决问题。

在谈判中常有这样的情况，在谈判开始时，就告知对方最后期限。对方对此并不注意，但随着这个期限的迫近，对方内心的焦虑就会渐增，并表现出急躁不安。到了截止期这一天，这种不安和焦虑就会达到高峰。

2. 防御策略

当谈判中的一方处于被动局面时，就采用防御策略。

当对方处于绝对优势时，通常会提出十分苛刻的条件。我们在这种情况下要先发制人，抢先开出条件，并以此作为谈判的基础。

谈判的目的就是要使双方得到利益上的满足。当谈判出现僵局时，在重要问题上仍然要坚持立场，而在次要利益上再三做出让步，佯作力不克敌之状，给对方以满足。

如果在谈判过程中，对方趾高气扬，宣扬自己的优惠条件从而压迫你时，你要根据自己掌握的详细资料，采用抑扬对比策略予以对付。"抑"是贬低对方所说的条件，"扬"是适当时略加夸张突出己方优点。

有一种舞蹈动作，看起来在后退，实际上还在原地。在谈判中也可做出这种无损失让步，让对手感到满足。

那么当对方实力雄厚、咄咄逼人时，怎么办？可以虚设后台，拒绝对方，并把责任推给虚设的后台身上。例如，向对方讲"管理者有指示"或"合伙人不同意"等，这样，可以将自己的处境转劣为优。

当对方占据主动权，已方一时不能接受对方的要求出现谈判僵局时，要采用缓兵解围策略。例如，宣布休会，即暂时中止谈判，以便争取更多的时间制定策略，这样通常能使谈判从"山重水复疑无路"转到"柳暗花明又一村"的境界。

在商业谈判中，通常出现僵局，双方因为某个问题而争论不休时，如果没有一方愿意做出让步，那么谈判是不可能成功的。让步是保证谈判获得成功的原则和策略。在谈判中让步，不是一件容易的事情。每一个让步，都要考虑其对全局的影响。

破局的技巧

　　打破僵局还需要运用一定的策略，用策略去打破僵局，不但有利于谈判的顺利进行，而且还能取得谈判的主动权，为取得有利的谈判成果夺得先机。一般认为，在谈判中出现僵局时，可采取以下策略。

　　1. 首先要头脑冷静，切不可言语冲动，刺激对方。"良言一句三冬暖，恶语伤人六月寒"，言辞尖刻会形成感情对立，对打破僵局极为不利。

　　2. 更换谈判团成员，让可能刺激对手的成员离开。非常有经验的谈判家不会触怒对方而被要求离开，因为他们在换人策略中扮演着很重要的角色。

　　3. 用不同的方法，重新解释问题；提供新的理由、新的信息以探讨更广泛的问题；找到一个桥梁，使需求部分达成某些方面的一致。

　　4. 谈论一些轻松的话题，或者讲一则娱乐新闻，或者讲一个有趣的故事，以此来缓解紧张气氛。

　　5. 审查过去或将来的需求，一同揣摩达不成协议的后果，然后制定补救方略。

　　6. 由双方人员建立一个特别工作组，有针对性地解决问题。

　　7. 提出有附加条件的建议，使双方都有妥协的理由，进而使谈判顺利进行。

　　8. 采取暂时休会的方式，让双方头脑冷静，整理思路，寻求解决策略。对己方来说，在休会前，最好对自己的方案再进行一次详尽的解释，提请对方在休会时进一步考虑。

9. 试着改变谈判室的气氛。如果谈判中，关于双赢的重点已陷入低谷，试着将它变得更具竞争性。如果谈判已很难控制，试着打开更多的双赢通道。

10. 对双方已谈成的议题进行回顾总结，消除僵局造成的沮丧情绪。或者先谈双方较易达成一致的议题，待双方都有一定满足感后，再谈僵局中的问题。比如，可以鼓励对方："看，我们已经解决了许多问题，现在就剩这些了，如果不一起解决，那不就太可惜了吗？"

沉默的技巧

沉默也是语言，甚至是谈判桌上的一件利器。

如果对方提出不合理的要求，或者你对他们所说的事情感到厌烦，最好是坐在那里，一言不发。

我们有时会看到这样的现象：一位谈判者在和别人谈话，当他感到乏味时，会拿起桌上的报纸或其他什么东西，随便翻阅起来，这是暗示对方，报纸虽然很乏味，也比你的话有意思。

看到对方的这种做法，知趣者自然会停止谈话。

在谈判中，恰到好处的沉默也是一种艺术，所谓"此时无声胜有声"。

英国一位政治家在一次演讲中，突然停顿，取出了表，站在讲台上默默注视观众，时间长达 72 秒之久。正当听众迷惑不解之时，他说："诸位刚才所感觉到的、局促不安的几秒钟的时间，就是普通工人垒一块砖所用的时间。"他以默语（即话语中短暂的间隙，又称停顿）的方式来表现演讲内容，实属高超，这是吸引听众注意力的一种方法。在谈判中，默语所表达的意义是丰富多彩的，它既可以是无言的赞许，也可以是无声的抗议；既可以是欣然默认，也可以是保留己见；既可以是威严的震慑，也可以是心虚的流露；既可以是毫无主见、附和众议的表示，也可以是决心已定、不达目的决不罢休的标志。谈判者要根据谈判进展和现场气氛，分析对手沉默的真实含义，从而做出应对之策。

当然，在一定的语言环境中，默语的语义是明确的。

林肯在辩论中，善于使用默语，甚至运用默语反败为胜。

林肯和道格拉斯著名的辩论接近尾声之际，所有的迹象都显示林肯已失败。

在林肯最后的一次演说中，他突然停顿下来，默默站了一分钟，望着他面前那些半是朋友半是旁观者的群众面孔。然后，以他那独特的单调声音说道："朋友们，不管是道格拉斯法官或我自己被选入美国参议院，那是无关紧要的；但是，我们今天向你们提出的这个重大的问题才是最重要的，远胜于任何个人的利益和任何人的政治前途。朋友们——"

说到这，林肯又停了下来，听众们屏息以待，唯恐漏掉了一个字。

"即使道格拉斯法官和我自己的那根可怜、脆弱、无用的舌头已经安息在坟墓中时，这个问题仍将继续存在……"

林肯在辩论中，巧妙运用默语，一举扭转败势，是成功运用默语的范例。

默语不仅能增强语言的效果，还能作为谈判中一种有效的策略。比如，你提出一个诚恳的建议，而对方却给了你一个不完全的回答。这时，你应该等下去，用沉默让对手感到不自在，非得用回答问题来打破僵局不可。

要注意的是，你提出问题沉默后，不要继续提出其他问题或发表评论，以防止对手抓住话柄，这样，默语才有可能奏效。

用沉默来对付饶舌的对手，要注意礼貌。如果对方在兴致勃勃地讲述，你却表现得极不耐烦，或无动于衷，那也是不礼貌的。但如果你随声附和一两句时，对方会误认为是对他的赞同，他们述说起来就会更起劲。

你不妨采取这种方式的沉默：不时地劝酒端茶，或者不时地看看表。

这样，多数人见到这种姿态就会终止谈话。当然，也有少部分人故意视而不见，非得讲完不可。这时，你可以做一些明显动作：如动一动身体，或故意上一趟厕所。或借故干点别的什么事。

如果担心这些动作还是有不礼貌之嫌，你可以眼睛故意不看对方，而看身旁的某处。从道理上讲，听别人说话时应当看对方眼睛才算有礼貌；但游离的目光不但会影响沟通效果，还会减弱对方说话的兴致。

谈判常见误区

业务谈判中，在技巧上很容易出现误区。

1. 透露情况过多

有些谈判者，特别是新手，与对手一坐下来，就显得十分热情，不等对方设圈套，三言两语就把自己的一点"底子"和盘托给了人家，使谈判一开始就处于很被动的局面。因此，谈判者要记住，不能向对方透露过多的情况。

比如，要推销库存商品，在价格、交货期、支付方式等重要条款没有谈成之前，绝对不能抖出数量、原价多少等敏感的数据，也不能流露出"资金占用多少""将影响后面的业务""仓库紧张"等有关的真相。否则就等于把绳圈交给对方，让他们往自己的脖子上套。对方一旦掌握你急于脱手成交的心理，势必要杀价，这就会使你亏得很惨。

在谈判桌上，只有利益的分配之争，无"帮忙"可言，谁肯自己赔上几万、几十万"帮"你的"忙"呢？当然，无偿的经济援助那是另一回事。推销库存商品是如此，其他方面也一样，当讲则讲，不该讲就免开尊口。有时看起来是一句不经意的问话，如某位主管领导今天是否外出，最近是会对某个商品的价格有新规定等，说者无意，听者有心。

2. 轻易接受

"让我们寻求一个妥协办法。"我们把"妥协"作为一种策略，这只是讲有这么一个策略可以使用。在谈判实战中，有的人不经努力，或不经仔细计算或思考就脱口而出，接受对方的所谓的妥协方案，继而想想不太妥当，再改口就很被动了。

轻易地接受对方看似为你着想的提议，很容易中对方的圈套。当对方提议"让我们寻求一个妥协方法吧！"你不能急于对提议的本身表态，而要以反问形式，搞清对方的"妥协方法"的实际内容究竟是什么，对己方是否有利，然后再做决定。要注意，轻易地接受空洞的条约，通常是掉入"陷阱"的开始！

3. 愿意被人拥戴

说好话"不蚀本"，但愿意被人拥戴的谈判者，在谈判桌上是很危险的。一旦对方掌握了你这个弱点，就会用"蜜糖"把你灌得迷迷糊糊的，使你失去应有的戒备心，做出不必要的妥协和让步。

4. 引起不必要的冲突和对抗

既然大家都是为了寻求共同的利益而谈判，所以要避免一些不必要的冲突和对抗。但同时，我们也不能忘记，谈判既是双方的利益之争，不可能没有冲突和对抗。放弃必要的冲突和对抗，有时恰恰是放弃我们应得的权利。

对方要求你什么价，要你让步，你就一声不吭地同意什么价，同意让步，这样的谈判当然不会有什么冲突和对抗，但己方的利益怎么维护呢？一个好的谈判者应该设法避免不必要的冲突和对抗，但也决不畏惧对抗和冲突。在该争的利益上，不会轻易后退半步的人，反而会受到对手的尊敬。

5. 过早地以撤出谈判相威胁

撤出谈判是万不得已的事。撤出谈判就意味着双方这笔交易的结束，又得从头开始选择新的交易伙伴。更重要的是很可能由此而失去销售的最佳时机。

因此，一个好的谈判者要有耐力，磨出个结果来。一看自己的目标有可能达不到，就沉不住气了，并以撤出谈判来威胁对方，这是软弱无能的表现；不但起不到逼迫对方就范的目的，反而容易刺激对方的不妥协心理。

6. 走进死胡同

作为生意人，头脑应当是相当灵活的。这条路不通，就走那条路。在谈判的过程中，认死理是很糟糕的。

下述情形最容易让谈判者钻死胡同。

在谈判中急于求成，表态轻率，或者一遇到对方的激将法就沉不住气了，自己给自己施加压力。更有因为情面大于利益不计得失的莽撞者。

或者因思想方法僵化，不肯退一步想一想，错失转机的。最后还有一类因为找不到自如撤出的技巧，只能很无奈地接受对方条件的人群。

对照一下，如自己有钻死胡同的习惯，看看属于哪一类，要针对自己的弱点，有意识地与自己"过不去"，才有可能提高谈判技巧。

7. 寻求共同利益及新的解决办法

为了寻求共同的利益而进行谈判，这一宗旨是每个谈判者运用技巧的基本出发点。立足于这一基本点，才有可能在谈判受挫的情况下积极想办法，促成谈判僵局的转化。有的谈判者有意或无意地忽视了对共同利益的追求，或者只考虑自己一方利益的得失，或者只是意气用事，这样就很难想出好点子。

训练你的口才

如果一个人的脸上长有疤痕，能使用化妆品或药品加以治疗弥补。同样，谈吐方面的缺陷也能改变，前提是能清醒地认识到自己的这些缺陷。试着拿一面镜子看看自己说话时的姿态：是否手势过多，是否翘起嘴角，是否表情难看，是否过于冷漠、紧张、僵硬，是否强抑声调……

以下几点是我们常犯的错误，我们可以对照检查，并加以改正。

1. 说话用鼻音

当你使用鼻腔说话时，就会发出鼻音。如果你用大拇指和食指捏住鼻子，你所发出的声音就是一种鼻音。如果你说话时嘴巴张得不够大，声音也会从鼻腔而出。在电影里，鼻音是一种表演技巧，如果演员扮演的是一种喜欢抱怨、脾气不好的角色，他们通常爱用鼻音说话。

如果你期望自己在他人面前具有极大的说服力，那么最好不要使用鼻音，而要使用胸腔发音。正确的方法是，平时说话时，上下齿之间最好保持半寸的距离。

2. 声音过尖

一个人受到惊吓或大发脾气时，通常会提高嗓门，发出刺耳的尖叫。而尖锐的声音比沉重的鼻音更加难听。

为此，你可以用镜子检查自己有无这一缺点：脖子是否感到紧张？血管和肌肉是否像绳索一样凸出？下颚附近的肌肉是否看起来明显紧绷？如果出现上述情形，你可能会发出刺耳的尖声。这时你就要尽快让自己松弛下来，同时压低嗓门。

3. 说话忽快忽慢

一般来讲，说话的速度很难掌握，即使是一些职业演说家或政治家，有时也不容易把握好自己说话的速度。说话太快，别人就听不懂你在说些什么。说话太慢，别人根本就不会听你说，因为他们缺乏一种耐心。据专家研究，适当的说话速度为每分钟 120~160 个字之间。当我们朗读时，其速度要比说话快。当然，说话的速度也不宜固定，因为你的思想、情绪和说话的内容都会影响你语言表达的速度。说话中，把握适度的停顿和快慢变化，会为你的讲话增添丰富的效果。

为了测量自己说话的速度，你可以按照正常说话的速度念上一段演讲词，然后用秒表测出自己朗读的时间。如果你说话的速度每分钟达不到上面那个标准，就要试着调整说话速度，看是否会收到良好的效果。

4. 口头禅过多

在日常生活中，人们常听到这样的口头禅，如"那个""你知道不""是不是""对不对""然后""就是说"等。如果一个人在说话中，反复不断地使用这些词语，一定会有损自己的形象。口头禅的种类繁多，即使是一些伟大的政治家在电视访谈中，也会出现这种毛病。

当然，谈话中"啊""呃"等声音过多，也是一种口头禅的表现。著名演说家说："切勿在谈话中散布那些可怕的'呃'音。"如果你有录音机，不妨将自己打电话时的声音录下来，听听自己是否有这样的问题存在。一旦弄清了自己的问题的所在，那么以后在与他人讲话的过程中，就要时时提醒自己注意。

下面介绍几种克服口头禅的方法，以供参考。

默讲。出现口头禅的原因之一，是对所讲的内容不熟悉，讲了上句，忘了下句，此时就要用口头禅来获得一点思考的时间，以便想起下句。要事前默讲几遍，对内容、措辞十分熟悉，正式讲话时就能减少或不会出现口头禅了。

朗读。克服口头禅的朗读法，就是将自己的口语，从不清楚变为清楚。出声朗读老舍、叶圣陶等语言大师的作品，有助于用规范的语言来改善自己不规范的语言。

耳听。广播员、演员的语言，一般都较为规范，没有口头禅。平时听广播、看电影时，可边听边轻声跟着说。久而久之，你会惊喜地发现：自己的口语精练了，口头禅少了，连普通话水平也提高了。

练习。多听自己的讲话录音，发现自己讲话中的口头禅，并加以改正，口头禅也会随之变少。

慢语。在一段时间内，尽量讲慢些，养成从容不迫的思维和说话的习惯。一句句想，一句句说，对克服口头禅有很好的效果。

5. 讲粗话

讲粗话是说话的恶习。俗话说，习惯成自然。随便什么事情，只要成了习惯，就会自然地发生。讲粗话也是如此，一个人一旦养成了讲粗话的习惯，很容易出口不雅，并且自己还意识不到。讲粗话是一种坏习惯，更是极不文明的表现，但要克服这种习惯也并不是一件容易的事。比较有效的办法是，找出自己出现频率最高的粗话，集中力量改掉它。首先，是改变讲话频率，每句话末停顿一下；其次，讲话前提醒自己，改变原有的条件反射。出现频率最高的粗话改掉了，克服其他的粗话也就不难了。

请别人督促也很重要。当然，这里的"别人"最好是了解自己的人，这样督促起来可以直截了当。由于有时自己讲了粗话还不知道，请别人督促就能起到提醒、检查的作用。督促还有另一层心理意义，那就是造成一种不利于原有条件反射自然发生的外界环境，以促进旧习惯的终止。

6. 结巴

"结巴"是口吃的通称。

"结巴"对于极个别的人来说是一种习惯性的语言缺陷，是一种病态反应，他们也被称为口吃患者。口吃就是说话时，字音重复或词句中断的现象。要想治愈说话"结巴"的问题，除药物治疗外，更重要的是去除心理障碍。日本前首相田中角荣少年时代，就是口吃患者。为了克服这个缺陷，他常常朗诵课文，为了发音准确，就对着镜子纠正嘴型，后来他成了一位著名的政治家、演说家。有口吃的人不妨试一试这个方法，坚持朗读文章，只要坚持不懈并保持良好的心态，相信一定会产生好的效果。

7. 小动作过度

即说话时，动作过于频繁。不妨检查一下自己，是否在说话时不断出现以下动作：坐立不安、蹙眉、扬眉、歪嘴、拉耳朵、摸下巴、抓头发、转动铅笔、拉领带、弄指头、摇腿等。这都是一些影响你说话效果的不良因素。当你说话时，动作过于频繁，听者就会被你的这些动作所吸引，根本不可能认真听你讲话。

学会驾驭情绪

当众发言前，发言者不可能预料到讲话的过程中会出现何种变故，如果没有一定的自控能力，肯定会自乱阵脚。同样的一句话说出去，在听众中也可能会激起不同的反响，有的反响甚至会大大出乎意料。如果这时不能够控制好自己的情绪或不能很好地把握局面，情况可能会越来越糟，越来越有失自己的水平。所以，在说话时，是否具备一定的控制能力，也是衡量一个人说话水平的标准。

从心理倾向的作用来看，正面的积极心态能产生推动和支持的作用，提供有效的心理环境，激发人们的战斗精神；能提高思维和表达的效率、准确性、生动性；使谋略、行为和语言得到正常甚至超常发挥。而负面的消极心态则不利于辩论，制约辩手的正常语言表达，干扰正常的思路和精神状态。能驾驭自己的情绪，指的是说话者在整个说话活动中能够自觉、灵活地控制自己的情绪，约束自己言辞表达的能力。

以下就是常见的需要小心驾驭情绪的方法。

1. 生气的时候，别让情绪控制你的语言

古代先哲曾经说："人人都会发怒，那是轻而易举的事。不过，发怒要找合适的对象，要恰如其分，要在恰当的时间，也要有合适的目的与方式，这就不是那么容易了。"

如果为别人所犯下的错误生气，你无疑是在拿别人的错误来惩罚自己，想一想，这是多么划不来啊！为突来的情绪生气，你发了一场熊熊的无名火，想一想，这对别人来说，又是多么的不公平！

所以，假如你不能控制自己的脾气，那么至少要懂得控制自己的嘴巴。生气时，请不要随便开口，你在这时说出来的话，通常都不是别人爱听的。

2. 生气的时候，学会控制自己的情绪

丈夫骂妻子，妻子骂儿子，儿子打小狗，这是典型的情绪流动图，每天在不同地点以各种形式上演：马路上因互相超车发生的碰撞，抢占停车位时的怒骂，看不惯上司居功诿过的闷气，上司的迁怒，老师对学生恨铁不成钢的怨气，挂着冰冷微笑，其实正暗自咒骂着你的服务员……职场上的怒火一点就着。美国耶鲁大学管理学院经过研究发现，四分之一的上班族经常生气。可见，还是有许多人没有学会控制自己的情绪。

不过，当我们的怒气冲上头时，一时难以压抑，更不用说马上平静下来自我对话了，这时又该怎么办？许多专家建议从生理角度来改变生气状态。

首先要学会闭上嘴，我们都知道人在生气的时候最容易口不择言，说出来的话都十分伤人，带有强烈的攻击性。

其次，要学会深呼吸，什么都不要想，强迫心跳、血压恢复正常状态。或者马上离开现场找个安全的环境，动动身体、打球或做体操。

最后，在盛怒时，跑去照镜子，当你看见自己怒气中的样子会觉得很滑稽，忍不住笑出来。

除了观察自己的情绪之外，学习从大架构看人生的挫折，才能真正不容易产生怒气。

3. 时刻提醒自己，脾气暴躁的人是令人讨厌的

在生活中，有的人温和稳重，有的人开朗活泼，有的人迟缓安静，也有的人激动急躁。澳大利亚的一位奥斯卡影帝就是个脾气暴躁的人。我们无法得知一个能控制自己性情，胜任各种角色的好演员因何控制不了自己的脾气；但我们能肯定的是，名气再大、演技再好，一副坏脾气足以令人望而却步，并拉住继续前进的脚步。

性格暴躁且容易发怒的人大多是不受欢迎的。每个人都希望能和和气气地跟对方沟通交流，而不是在焦头烂额、情况不明的时候，还要面对一个负能量满满的人。又或者一件很小的事情都会引起对方的不满和怒气，相对于斤斤计较和乱发脾气，宽容大度和有礼有节就会显得十分可贵。作为一名管理者，自身的种种都会影响员工的情绪和对你的评价。如果每个人在跟你说话时都战战兢兢，生怕说错了话得罪你，引得你大发雷霆，怨气满满，那你就要想想自己的情绪是否太容易激动了，要努力去保持平和的情绪。如果你想让自己生活得舒心，那你就要换一副笑脸。

4. 在发飙之前，先了解情况

一位名人曾经提醒我们："当发怒和鲁莽开步前进的时候，悔恨也正踩着两者的足迹接踵而来。"

遇到不如意的事情就勃然大怒，只不过是方便宣泄自己的不满情绪，绝不会帮助自己解决问题，或是走出困境。

某公司的一个市场调查科长，因为提供了错误的市场信息而造成企业的重大损失。犯了这样严重的错误，毫无疑问，总经理可以不问理由地对他进行斥责，甚至撤职。

但是这位怒上心头的总经理，还是忍了忍，他认为必须要先了解一下：到底是因为这位科长本身不称职而听信了错误讯息，还是由于不可预料的原因导致的损失呢？

于是，这位总经理压下了心中的怒火，只是心平气和地把科长叫来，让他把为什么判断失误的原因写一个报告交上来。

事情就这样过了一段时间，几个月之后，这家公司因为这位市场调查科长提供的讯息和研判极为准确而饱赚了一笔。

这次，总经理又叫人把那位科长请来，说："你上次的报告我看了，你们前期调研的工作做得不太细致，有一定的责任，但主要是不可预测的意外原因给公司造成损失，因此我们决定免除对你的处罚。你也就不要把这件事情再放在心上，只要以后吸取教训就行了。这一次，你就做得非常不错，为公司提供了重要讯息，我们还要着重表扬你。"

说完之后，总经理随即从办公桌里拿出一个红包递给他，接过红包后这位科长不禁眼眶泛红。

如果当初这位总经理没有想着了解事情的真相，而是不分青红皂白地向科长发火，那么事情的结局可想而知了。要知道，发火不会解决任何问题，只会让事情变得更加糟糕。

因此，我们一定要管好自己的嘴巴，还要牢记一句话："没有调查就没有发言权。"遇到问题时，先别忙着发怒和批评人，而是了解情况。

这样一来，主动权就掌握在你的手里，你想什么时候批评，要批评多久，采取什么方式对他进行批评，完全由你决定。

5. 克制批评别人的冲动

跟别人相处的时候，我们要记住，和我们来往的不是度量不凡的宰相，更不是修炼到家的圣人。做了错事只会一味责怪别人，而不会责怪自己——我们都是如此。这不是度量的问题，而是人性的问题。和我们来往的都是感情丰富的平凡人，甚至是充满偏见、傲慢和虚荣的怪人。我们不能指望眼前这个人就是一个已经克服人性弱点的人。

当我们想批评他人的时候，要明白，哪怕我们费尽口舌，他们的想法仍然是："我看不出我应该要怎样做，才能跟我以前所做的有所不同。"无论他们是否辩解，他们都不会真正接受我们的批评。

所以，当我们产生批评别人的冲动时，有必要三思再三思，让自己的情绪紧急刹车。

当我们犯错时，不可能每次都虚怀若谷地接受别人的批评，所以也要能理解别人不会虚心接受我们的批评。

当我们在面对别人犯错时，内心能够有宽容别人的意识，就会发现心境变得开阔了许多，人际关系也会变得和谐起来。哲人这样说："全然了解，就是全然宽恕。"

6. 对人对事不要太认真

"水至清则无鱼，人至察则无徒。"这句话告诉我们的是，河水极致清澈，里面是不会有鱼类生存的；做人太苛刻是不会有朋友的。所以说做人不能一点都不在乎，游戏人生，玩世不恭；但也不能太较真，认死理。太认真了，就会对什么都看不惯，连一个朋友也容不下，就会把自己封闭和孤立起来，失去了与外界的沟通和交往。

古今中外，凡能成就一番大事业者，无不具有海纳百川的雅量，容别人所不能容，忍别人所不能忍，善于求大同存小异，赢得大多数人。他们豁达而不拘小节，善于从大处着眼，从长计议而不是目光短浅。这类人也从不斤斤计较，拘泥于琐碎小事。

多数人其实更爱在一些鸡毛蒜皮的小事上较真。例如，菜市场上，人们时常因为一块八毛争得脸红脖子粗，不肯相让。至于一台电视两千元和两千一百元的差价，人们经常就会忽略掉，不去较真。

真正能做到事事不较真，不是件很容易的事，这需要有善解人意的思维方法。

我们提倡对某些事情不必太较真，可以"敷衍了事"，目的在于有更多的时间和精力去做我们认为值得做的一些重要事情，这样我们成功的希望就多一分，朋友的圈子就能扩大几分。

7. 嫉妒只是在否定自我价值

外国有句俗谚："嫉妒给失败者烂泥巴，好用来扔掷成功的人。"意思是说，失败者通常因为内心的嫉妒、愤怒，所以才恶意破坏成功者的名声。

这个世界就是这么无聊，大家都想成功，谁都想得到别人的尊敬，却忘记了如果每个做这件事的人都成功，那么这件事也没什么了不起了。

嫉妒，没错，就是这种可悲的心态，让我们不肯去接受别人胜过自己的事实，变成一个内心狭隘、面容丑恶的小人。

如果我们将嫉妒转化成激励自己的动力，那么我们或许将会在下次自己成功时，亲身体验到遭人嫉妒的感受。

8. 不要把时间浪费在无谓的争辩上

时间通常在争论的时候过得飞快，可是当你没有多少时间值得浪费时，那么这就变成了损失。其实，争论的结果只会让双方觉得比以前更相信自己的判断是正确的，这样谁都赢不了。如果输了，当然你就输了；但是如果你赢了，还是输了。为什么？如果你的胜利，是把对方的观点攻击得千疮百孔后，他才败下阵来，那又能怎样呢？你也许会觉得洋洋得意，可是他会自惭形秽，自尊心深受打击，他会怨恨你的胜利。而且这种人是嘴上服，心里并不服。

因此，一位名人说："在争辩中获胜的唯一秘诀，就是不要争辩。"

我们不能因为别人和我们的价值观不一样就说他们是错的，事先有了这样的认识，就不会时时刻刻想要理论出一个是非曲直，这样，我们生活的环境才会和谐。

9. 向刻薄的人学习宽容

一位作家曾经写道："世上所有德性高尚的圣人，都能忍受凡人的刻薄和侮辱。"

其实，有时候，刻薄的人比那些表面迎合你的人更有用处，因为他们的话语虽然尖酸，他们的行为虽然刻薄，但却能让你因此而学到宽容。越是有人责备你的时候，你就越要坚强；越是面对刻薄的人，你就要越懂得宽容。

人各有志，各人头顶一片天，因此，为人处世不要太过刻薄。因为你的蜜糖说不定会是别人的砒霜，怎能用同样的标准去衡量所有人？我们更没有资格仗着自己的学识，去评断别人的生存价值。

每个人都有自己的世界，可悲的不是活在狭窄的天地，而是只活在自己的情绪世界中，一味以自己的眼光看待别人。因此，为人处世的最高境界就是懂得向刻薄的人学习宽容。

总之，在生活中，我们常常会遇到一些令人不快或者感到无聊的话题，作为管理者，每天游走于各种场合接触不同的人，更会在不同的交际场合遇到尖锐或尴尬的话题。这时候，我们要学会驾驭克制自己的情绪，用得体的谈吐来应对这些特殊的话题。在社交中由被动变为主动，充分展示我们的智慧与口才。

人们当众说话水平的高低与心理状态都有不同的类型，在说话时也会有不同的表现。没有哪种类型有绝对的好坏，但是当我们面对这些情绪时，该如何调节并"口能择言"？下面就让我们来具体看以下几点。

1. 冲动型

冲动型是指不顾后果、率性而为、情感强烈、缺乏理性的心理状态。这种类型的人，情绪通常处于高度兴奋状态，就好像打开的煤气灶，一遇火星就会燃烧起来。其表现是遇事不够冷静、易动肝火、急于表态、喜说好讲、轻易决策。所发言辞大都脱口而出，不求周密、不讲策略、不计后果。要么噎得听者受窘而无法与其正常沟通交流；要么就恨不得将自己全都暴露给听者；要么惹恼甚至激怒听者，让听者奋而对其反击。

但是，这种人心底坦荡，没遮拦，就像竹筒里的豆子，"噼里啪啦"一下倒出，倒完了，他们就跟没事人一般，恢复平静，通常也不会存在怯场的现象，兴之所至，常常滔滔不绝。

但在当众发言时，此类型的人群需要控制自己的情绪，三思而后行，以免说完话不仅达不到表达的效果，还给自己惹一身麻烦。

2. 理智型

理性型是一种从理智上控制行为的能力表现。这种人情感内敛，不轻易表达，并善于控制情感；遇事不急不躁，冷静处理，不轻易作出肯定或否定的表态。言辞常常深思熟虑之后才出口，思维较为周密、全面。

这种的人说话能让听者易于接受；即使不能接受，也不会产生很大抵触。但是，这种人在需要当机立断的紧急关头，有时也会误事。有些机会是稍纵即逝的，机不可失，失不再来，等你深思熟虑下来，为时晚矣。并且，过于理性，会让人觉得虚伪，城府很深，没法获得听众心理上的认同。

对说话者来说，理性型心理是优于冲动型心理的。只要在紧急关头能够显出果断的气魄，恰当表达自己内心情感，便会受听者欢迎，对于双方的沟通是很有利的。

3. 优势型

优势型是指讲话者凭借其在职位、能力等方面的优势条件，在双方的对话中居于高位。如自己是领导、专家、教授、名人，而听众只是普普通通的人，或者自己是大国、强大集团的代表，而对方代表的是小国、弱小组织。

这种人在平时的交流中，通常会发表一些非同寻常的居高性言辞，或有意，或无意。如果是有意，他们会居高临下，旁若无人；如果是无意，但由于其身份特殊，对于听者来说，也会产生一种由上而下的压力。如果是一次单向的交流，听者无从与之理会，只得任他们去说。如果是双向的交谈，对方虽然也能适当发表自己的言论，但会显得十分拘谨。在这样的情况下，双方交流的效果就可想而知了。

优势型的人有两种不同表现：一种是唯我独尊、固执己见，我怎么说，你就怎么听。另一种则是敷衍了事、不痛不痒，你听也可以，不听也可以。

对于管理者来说，优势型的心理类型是最要不得的，所以作为管理者，要不断提高个人素养，加强自我约束。如果交谈时不能将自己和对方摆在平等的位置，就是对别人表现得不屑一顾，又或者夸夸其谈，以自我为中心，这都是百害而无一利的。

4. 综合型

综合型是一种不会盲目冲动，也不会高高在上刚愎自用的人群。他们普遍具有居高而不自傲、位低而不自卑的综合性心理状态。其言辞不卑不亢、不偏不倚，让人听来如沐春风，如饮甘霖。

这种心理状态的人在和别人沟通交流时，是必然受听众欢迎的。即使在某些场合、某个时间会让他人不愉快，也只是暂时影响交际效果。时间一久，那些不快的人醒悟后，依然会觉得还是和这类人群沟通最舒服。